Poètes des temps de guerre

anthologie traduite de l'anglais
par Jean Migrenne

sélection Pitkin

Qui dit *Poètes des temps de guerre* ne dit pas
nécessairement poèmes sur la guerre.
Poètes des temps de guerre n'est pas une
anthologie exhaustive.
Poètes des temps de guerre ne se limite ni à
la Première Guerre Mondiale, ni aux seuls
combattants britanniques.

Autant que possible, les notices originales ont
été étoffées de façon à offrir au lecteur
francophone des profils socioculturels
susceptibles de l'éclai

Remerciements

*Died of Wounds (Mort de ses blessures), Trench Duty (Tour de
tranchée), The General (Le général), The Dug-Out (La cagna), To Any
Dead Officer (À tel ou tel officier, mort), Prelude : The Troops
(Prélude : les hommes), Everyone Sang (Chacun a chanté), Twelve
Months After (Douze mois plus tard) et Base Details (Corvée de
Quartier Général) de Siegfried Sassoon : tous textes reproduits avec
l'aimable autorisation de George Sassoon.*

Poèmes des deux guerres choisis par Michael Wylie. Conception
et réalisation : Park Sutton Publishing Ltd, Norwich pour Pitkin
Publishing. Couverture : Ivor Claydon. Publication sous cette
forme © Pitkin Publishing 2009, dernière réimpression 2011.

Jean Migrenne traduit des poètes de langue anglaise depuis 1986.
Il a enseigné l'anglais dans les Classes Préparatoires aux Grandes
Écoles du Lycée Malherbe à Caen jusqu'à sa retraite en juin 2000.

Option d'achat par correspondance. Veuillez consulter notre
site Web : **www.pitkin-guides.com**, pour la liste complète des
titres disponibles, ou bien nous contacter pour un exemplaire
de notre catalogue.

Pitkin Publishing, Healey House, Dene Road, Andover,
Hampshire SP10 2AA, Royaume-Uni
Ventes et renseignements : +44 (0) 1264 409200
Fax : +44 (0) 1264 334110
Email : sales@thehistorypress.co.uk

Imprimé en la Chine.
ISBN 978-1-84165-268-9   3/11

TABLE DE MATIÈRES

Préface

Quiconque décide de publier une anthologie s'expose immanquablement à la critique. Le choix d'auteurs sera contesté ainsi que, pour chaque auteur retenu, le choix de titres ou d'extraits. La sempiternelle question sera posée : « Pourquoi celui-ci et pas celui-là ? » Le traducteur se limite, ici, aux vingt-cinq noms et à soixante-dix-huit des textes figurant dans *The War Poets* : an anthology, édition Pitkin.

***

Deux auteurs choisis n'ont pas pris part aux combats car trop âgés : Kipling, né en 1865, qui a perdu (dans tous les sens du terme) son fils unique sur le front de Flandre et Yeats, né lui aussi en 1865, fondamentalement irlandais quoique toujours administrativement britannique, et dont l'un des deux textes sélectionnés a été inspiré par la mort du fils unique de son éminente associée, Lady Gregory.

Quatre ont survécu : Asquith, qui restera physiquement marqué jusqu'à sa mort en 1947 ; Binyon, né en 1869, engagé dans les services de santé malgré son âge, décédé en 1943 ; Gurney qui finira mentalement ébranlé et physiquement diminué en 1937 ; Sassoon, le seul à s'en sortir sans trop de dommages, qui décèdera en 1967.

Trois ont écrit sur la Seconde Guerre Mondiale : Magee, pilote canadien ; Bourne, de la RAF, et Binyon. Trois poèmes sur l'aviation.

Il ne viendrait à l'esprit d'aucun Français de chercher à distinguer les auteurs selon leurs origines géographiques. On pourrait certainement retrouver des différences d'approche ou de sensibilité, mais notre France centralisée refuserait l'idée même d'auteurs bretons, picards, parisiens ou occitans dans un tel contexte. En terre anglophone, sous le passeport britannique d'alors et aujourd'hui encore, le communautarisme est de règle et rien ne peut se comprendre sans qu'il en soit tenu compte.

Des dix-neuf qui ont trouvé la mort, peuvent être considérés comme anglais : Bourne, Brooke, Coulson, Hodgson, Palmer, Rosenberg, Vernède ; anglais (d'ascendance australienne) : Marriott-Watson ; écossais (ou d'ascendance écossaise) : Mackintosh, Oxland, Shaw-Stewart, Sorley ; irlandais : Kettle, Ledwidge ; gallois (ou d'ascendance galloise) : Owen, Thomas ; canadien d'ascendance écossaise : McCrae ; anglo-américain : Magee ; américain : Seeger.

Nous pourrions aussi disséquer leur parcours universitaire ou leurs origines sociales contrastées, mais cela dépasserait notre propos qui n'est que de donner à lire. De donner à lire des poèmes, parfois devenus monuments, dits et redits encore aujourd'hui, en contraste avec la prose d'expression française liée à la « Guerre de 14 » ou qui en est issue.

Si l'on demande à brûle-pourpoint le nom d'auteurs français ou francophones liés à la « Guerre de 14 », il y a de grandes chances pour que la majorité des sondés soit incapable d'en citer un seul. Les lettrés donneront une liste de prosateurs engagés : Barrès, pour les cocardiers, ou alors les grands et talentueux contestataires que furent Bernanos, Céline, Cendrars, Dorgelès, Duhamel, Genevoix, Giono, Pergaud, sans oublier Alain-Fournier. Côté poésie, ils se souviendront d'Apollinaire, éventuellement d'Éluard ou d'Aragon, iront peut-être jusqu'à faire référence aux mouvements surréaliste et dada sans pouvoir citer de nom spécifique. Beaucoup ne manqueront pas de signaler l'énorme masse de « lettres de Poilus » dont on découvre encore des inédits dans les greniers. À juste titre aussi, féministes et militants politiques rappelleront l'existence, non négligeable, des leurs.

Littérairement parlant, la guerre n'a pas produit les mêmes fruits amers d'un côté du Channel et de l'autre. Poésie en anglais, prose en français : tel est le raccourci auquel nous nous tiendrons en préambule à votre lecture. Pour la statistique : un site anglophone consacré aux poètes contemporains de la guerre, combattants ou non, et qu'elle a inspirés, recense environ soixante-dix français et cent-dix britanniques. La liste ne prétend pas être exhaustive, mais elle donne à réfléchir.

Si, pour les Français, la Grande Guerre évoque les boucheries (ou les mutineries) de Verdun et du Chemin des Dames, pour les Britanniques, ce sont celles de la Somme et de Flandre. Les conditions y étaient exactement les mêmes. Il faut ajouter que les anglophones, annexant le naval, ont aussi en mémoire Gallipoli. Les fringants officiers et sous-officiers formés aux études classiques à Oxford ou Cambridge, avaient un peu l'impression, en cinglant vers les Dardanelles, de revivre la Guerre de Troie. Le site, que venait de découvrir Schliemann, se trouve sur la rive asiatique quasiment face à leurs positions sur la rive européenne ou dans les îles.

Quiconque décide de traduire s'expose tout autant, sinon plus, à la critique. Dans ce recueil, le parti a été pris d'ajouter quelques très rares notes explicatives, de supprimer autant que possible les majuscules internes, de lisser les ponctuations. Le traducteur assume pleinement ces choix, dictés par un souci d'équilibre entre obéissance à l'original et contraintes inhérentes au fond et à la forme de sa propre langue ainsi qu'à sa musique. Il espère ne pas avoir trop failli et laisse le lecteur francophone, qui désirerait éventuellement déclamer ces textes, libre de les orchestrer selon sa propre sensibilité. L'émotion ne manquera pas de lui dicter les pauses.

Jean Migrenne

HERBERT ASQUITH 1881-1947

Deuxième des six enfants de Herbert Henry Asquith
qui fut Premier Ministre de 1908 à 1916. Son frère
aîné, Raymond, meurt au combat à Guinchy le
15 septembre 1916. Plaque commémorative dans
la cathédrale d'Amiens.

APRÈS LE MARMITAGE

Ça grouille, ça monte et ça descend,
Rats des villes autant que rats des champs.
Les tignasses télégraphiques des poteaux
Sont figées dans un air sans écho.
Sur des rails tordus, lascive,
S'offre, roues écartées, une locomotive.
Le village n'est qu'un amas de poussière.
Ça grouille, ça monte et ça descend,
Rats des villes autant que rats des champs.
Un crâne, éjecté du proche cimetière,
Bâille dans les herbes. Un papillon,
Tout neuf dans son azur irisé,
S'ouvre au monde dans la rosée,
Parmi les fleurs. Avons-nous perdu la raison,
De quel dieu sommes-nous les pantins,

Pour jouer à ça, au printemps, au matin ?
Sur une corniche défoncée, creusée d'entonnoirs,
Un coquelicot se donne à voir.
Jeunes et belles, des perles d'eau
S'attardent sur l'escalier de l'araignée.
Des arcs-en-ciel jusqu'ici épargnés,
De pousse en pousse font le gros dos.

Araignée chez elle, logis de l'homme détruit :
Les voies sont impénétrables de Celui
Qui ne protège ici d'autre sanctuaire,
Que le temple où tisse l'épeire.

Ça grouille, ça monte et ça descend,
Rats des villes autant que rats des champs,
Liquidés au revolver, eux aussi.

Un petit vent décoiffe la nuit.

Laurence Binyon 1869-1943

Trop âgé pour le service armé, s'engage dans les
ambulances en 1916. À ceux qui sont tombés, mis
en musique par Elgar, fait partie intégrante des
cérémonies du souvenir dans le monde anglophone.
En particulier la quatrième strophe.

À ceux qui sont tombés

Reconnaissante et fière, notre mère-patrie,
L'Angleterre, pleure ses morts d'outre-mer.
Ils sont, Liberté, tombés pour ta cause,
Souffle de son esprit, fruits de sa chair.

Tambours poignants, auguste reine, la Mort
Chante un péan aux sphères éternelles.
Une musique sourd dans la désolation
Et nos larmes de gloire étincellent.

Partis à la guerre en chantant, jeunes,
Bien faits, francs du regard, forts, radieux,
Ils ont mené jusqu'au bout leur lutte inégale,
Sont tombés à l'ennemi sans baisser les yeux.

Sans souci du verdict, libres du poids des ans,
Jeunes ils resteront : à nous de vieillir.
Que se couche le soleil, que naisse le matin,
Ils sont nos souvenirs.

Ils ne rient plus au milieu de leurs camarades,
Ne sont plus assis à la table de leurs pères,
Ne mettent plus la main à nos travaux du jour :
Ils dorment loin des moutons d'Angleterre.

Mais dans nos désirs, au sein de notre espoir,
Telle une source que les profondeurs nous voilent,
Dans le cœur de leur patrie leurs noms sont reconnus,
Comme la nuit connaît ses étoiles.

Étoiles, ils brilleront sur notre poussière,
Ils marcheront en rangs serrés au firmament,
Étoiles, ils brilleront quand la nuit nous prendra,
Présents jusqu'au bout, jusqu'à la fin des temps.

*Extrait d'*AVIATEURS D'OUTREMER

Qui sont-ils, venus des océans lointains,
Venus du sud dans la gloire du printemps
Comme un vol d'hirondelles ? Venus chez nous
Le sourire aux lèvres et le regard ardent.

Ils sont ceux qui ont quitté visages connus,
Paysages, bruits, et odeurs du terroir,
Renoncé aux certitudes scellées par le temps,
À leur doux foyer, leur avenir riche d'espoir.

Leur étoile est notre île : indomptable,
Seule encore debout, lumière dans la nuit
Sous les masses de haine qui l'assaillent,
Âme partout de la liberté, Albion est leur Patrie.

Bravant l'adversité, narguant la vantarde Terreur,
D'innombrables compagnons bientôt ils
    accompagnent,
Ailes joyeuses sur la rose des vents,
Fleur et fierté de notre Grande-Bretagne.

Venus de loin se battre pour notre vieille île,
Ils montent en flèche et piquent, maîtres des cieux.
Les trahis, les captifs les entendent la nuit.
L'espoir palpite sous leur tonnerre impétueux.

Pour oser l'impossible, des lointains océans,
Vague après vague ils bravent les houles malignes.
Comment les saluer ? Aucun mot ne convient
Et nul chant n'en est digne.

DAVID BOURNE 1921-1941

S'engage en juillet 1940 dans la Réserve Volontaire
de la RAF. Sous-lieutenant, abattu en mission en
septembre 1941.

OPS ALERTE !

« Patrouille noire,
Secteur Bass Rock » :
La chamade, le choc,
Tout se bouscule ;
Au vol, ton casque ;
Au trot dans le grondement des moulins
D'une douzaine de Merlin
Qui chauffent leur compresseur ;
Tu y es,
À l'heure H.
Le parachute
Te plombe l'arrière-train ;
Le groin
Te masque la vue
Mais, à l'aveuglette, en quatre clics
Tu es harnaché.
Tu contournes l'aile :

« Allez, dégage. »
Alors, barreau empoigné, pied
Sur l'aile, comme piqué
Par un frelon, tu grimpes dans le cockpit.
Une demi-seconde,
Taquets dans les œilletons,
Un, deux, trois, quatre.
À fond les manettes,
Pleins gaz…

« Ops… » *présent à l'appel.*

Rupert Brooke 1887-1915

Élégante idole des cercles littéraires. Cambridge.
Sous-lieutenant. Terrassé par une infection le
23 avril 1915, en route vers les Dardanelles. Enterré
dans l'île de Skyros.

Grantchester :
l'ancienne maison curiale

(Café des Westerns, Berlin, mai 1912)

Je revois aujourd'hui fleurir le lilas
Sous la fenêtre de ma mansarde ;
Il me semble, sur les parterres, voir
Sourire la mignardise et l'œillet ;
Le coquelicot et la pensée aussi
S'épanouir sur les bordures...
Oh ! là-bas les marronniers, l'été durant,
Te transforment une rivière en galerie
De verdure et de nuit, plongés qu'ils sont
Dans leur profond sommeil ; verte et profonde
Là-dessous, la rivière file son mystère,
Vert comme un rêve, profond comme la mort.
J'en ai la tête pleine, Sacré Nom ! pleine aussi

De ces prairies de mai qui étalent leur or
Et dans la délicieuse jeunesse du jour,
Dorent la gloire des pieds nus
Qui courent vers le bain…
                          Du lieber Gott!
Ici, je sue, je crève de chaleur,
Alors que sous les ombrages, là-bas, l'eau
S'offre, étreinte de fraîcheur, à la chair nue.
Des Juifs allemands temperamentvoll
M'encerclent de leurs bocks, alors que, là-bas,
Tendre est la rosée sous l'or matinal.
Quand, ici, les tulipes fleurissent à la baguette,
L'églantine anglaise, hirsute, non cataloguée,
Explose ailleurs sur les haies ;
Là-bas, quand le soleil, bride sur le cou,
Sa journée finie, se laisse aller au repos,
Il tire du sommeil un Vesper en savates,
Et panne de réveil ; et là-bas dans les prés
Du côté de Haslingfield, du côté de Coton,
Das Betreten n'est pas verboten.

εἴθε γενοίμην … Que ne suis-je
À Grantchester, à Grantchester !
Où certains, peut-être, touchent
À la nature, à la terre, à ces choses-là.

Il est des Modernes assez fins pour voir
Un faune aux aguets dans la verdure
Et sentir que les Anciens ne sont pas morts,
Apercevoir une naïade empanachée
Ou entendre, en sourdine, flûter le Chèvre-pied…
Je sais seulement que tu peux rester allongé
Un jour entier à contempler le ciel de Cambridge,
Et, bercé de fleurs dans l'herbe somnolente,
Écouter le frais murmure du temps qui passe,
Attendre la fusion finale des siècles fanés
À Grantchester, à Grantchester…
Où, à l'aube, dans le frais plan d'eau,
Le noble revenant fait ses longueurs,
S'exerce aux techniques, entretient des pratiques
Datant de l'Hellespont, ou remontées du Styx.

Maître Chaucer entend toujours bavarder
Sa rivière sous un moulin fantôme.
Tennyson, fin observateur, note
La hâte des courants à Cambridge…
Dans l'herbe, en ce jardin, noirs et blancs,
Toute la nuit, se faufilent des murmures ;
Avant l'aube, sur le gazon, danse,
Macabre, une centaine de curés ;
Des vicaires morts et enterrés, d'un pied benoît

Y vont et viennent sans trace laisser ;
Souvent entre les branches se coule,
Furtive, l'ombre d'un doyen de paroisse…
Il faut un frisson de là-haut
Pour que s'évanouisse la sarabande
Des clercs aux accents démoniaques,
Laissant à la belle étoile un dormeur tout surpris,
Des cieux gris, le chant pâteux du premier oiseau
Et, toujours debout, la demeure croulante.

Sacré Nom, mes valises, le train, que je revienne
Une fois de plus en Angleterre !
Car l'Angleterre est le seul pays, croyez-moi,
Digne d'accueillir la crème des cœurs ;
Et le comté de Cambridge, le meilleur
Pour l'intelligence de toute l'Angleterre ;
Et, dans ces parages, c'est le charmant hameau
De Grantchester que j'aime le plus.
Car les gars de Cambridge, bien élevés,
Courtauds et madrés, ont le sourire rare ;
Ceux de Royston, bien plus au sud
Sont noirauds, farouches et mal embouchés ;
À Over, on vous agonit d'injures
Et pire encore à Trumpington,
Les garces de Ditton sont des souillons,

Et pas une à Harston n'a moins de trente ans,
Les gens de Shelford et des environs
Ont le cœur et la gueule de travers,
À Barton, on fait dans la rime cockney,
Coton est un nid de crimes sans nom,
Nul ne peut imaginer ce qui se passe
À Madingley la nuit de Noël.
Des hommes, des vrais, ont mis les voiles
Devant un sourire de Cherry Hinton,
Des hommes, des vrais, ont blêmi, occis leur épouse,
Plutôt que de l'envoyer à Saint-Ives ;
Des hommes, des vrais,
Ont pleuré comme des Madeleines
Quand ils ont su pour Babraham.
Mais Grantchester ! ah, Grantchester !
Tout y respire paix, calme et sainteté,
Les grands nuages sillonnent des cieux pacifiques,
Hommes et femmes sont francs du regard,
Les enfants, graciles, plus beaux qu'un rêve ;
Le bois est épais, la rivière somnole,
De gentilles brises presque endormies
Se faufilent à la brune au coin des rues.
À Grantchester on a la peau blanche ;
On se baigne le jour, on se baigne la nuit ;
Les femmes font tout ce qui leur incombe ;

Les hommes savent penser droit.
Ils aiment le bien, ont le culte du vrai ;
Jeunes, ils rient à gorge déployée ;
(Et lorsqu'ils sentent arriver la vieillesse,
Hop, c'est la gâchette, me dit-on)…

Ah Dieu ! voir s'animer les arbres
Sur fond de lune à Grantchester !
Sentir la rivière, sa prenante et suave
Odeur de croupi, inoubliable,
Toujours vivace, et entendre
La brise en sanglots dans les arbustes.
Dites-moi si les bouquets d'ormes montent toujours
Leur noble garde pour défendre cette terre sacrée ?
Si les marronniers couvrent encore de leur songe
Vénérable l'eau vierge encore de toute science ?
L'aurore, timide et froide, est-elle mystérieuse
Anadyomène chrysargentine ?
Le coucher du soleil étale-t-il ses dorures
De Haslingfield à Madingley ?

Et ensuite, avant que ne naisse la nuit,
Les lièvres se montrent-ils dans les blés ?
Oh, l'onde est-elle douce et fraîche,
Calme et brune, en amont du plan d'eau ?

La rivière rit-elle toujours, immortelle,
Sous le moulin, sous le moulin ?
Dites-moi : y trouve-t-on encore beauté,
Certitude et calme bienfaisant ?
Des prairies encore où s'enfoncer pour oublier
Mensonges, vérités et souffrance… Oh ! est-il toujours
Trois heures moins dix à l'église ?
Fait-on encore du miel pour le thé ?

FRAGMENT

J'ai flâné une heure, sur le pont, ce soir,
Sous un ciel lourd et sans lune. Par les sabords,
En douce, j'ai regardé mes amis à table,
Ou aux cartes, ou sur le pas de la porte,
Ou sortir faire un tour dans la nuit. Pas un,
Pourtant, ne m'a vu.

      L'idée aurait été de m'apitoyer sur
Eux – insouciants, à huit jours du combat –
Fier de leur force et du poids, de la fermeté
Des corps souples et racés ; de plaindre
Cette splendide machine à plaisirs bientôt brisée,
Méprisée, démembrée, dispersée…

      Sauf que sans cesse
Ils n'étaient – ombres sous les lampes –
Que teintes fugaces, plus minces que vitre,
Bulles ténues, plus pâles que les lames blêmes,
Feux follets de phosphore dans la nuit,
Êtres à l'agonie, spectres bizarres – morts en puissance,
Aux yeux d'autres fantômes – lui, l'autre, ou moi.

1914
CHOIX DE SONNETS

I. PAIX

Loué soit Dieu Qui nous a réglés sur Son heure,
  Nous a pris notre jeunesse, tirés du sommeil,
Donné main sûre, œil clair et force vive
  Comme si nous plongions dans une onde pure,

Heureux de nager loin d'un monde vieilli, froid et
    fatigué,
De cœurs viciés insensibles à l'honneur,
  De sous-hommes aux chants salaces et tristes,
Et de l'amour dans sa mesquine vacuité !

Nous, qui avons connu la honte, trouvons du répit là
  Où il n'est mal, chagrin, que le sommeil ne guérisse,
    Où rien n'est brisé que ce corps, perdu que ce
        souffle de vie ;
Où rien, dans sa longue paix, ne vient ébranler
    Un cœur à rire, sauf les affres qui, elles, ont une fin ;
        Où le pire ami, le pire ennemi n'est que la Mort.

II. Protection

Dieu ! Mille fois bienheureux en cette heure
    Est celui qui a trouvé notre abri secret,
Sûr, dans le repos des houles noires du monde
    Et nous a entendus dire : « Qui est aussi bien
        protégé ? »
Notre abri est ce qui jamais ne meurt,
    Vents et matin, larmes et joies des hommes,
Nuit profonde, chant des oiseaux, vol des nuages,
    Sommeil et liberté, terre au temps d'automne.

Nous y avons demeure hors de portée du Temps,
    Paix acquise, à jamais libre de toute souffrance.
La guerre se rit de toute emprise. Protégé je partirai,
    Secrètement armé contre tout assaut de la mort.
Protégé, tout abri détruit. Protégé où tombent les
        hommes.
Et, meure mon pauvre corps, mieux protégé que tous.

IV. Les morts

Bonheurs et soucis d'homme se croisaient en ces cœurs
Prompts à la joie, dans le lustral miracle des
douleurs.
Les ans les avaient faits généreux. Ils avaient, pour eux,
Lever du jour, coucher du soleil et couleurs de la
terre.
À eux, mouvement et musique. À eux sommeil,
Éveil, amour et fière amitié. Ils avaient ressenti
Le frisson subit de l'émerveillement, la solitude, frôlé
La fleur, la fourrure et la joue. Tout est fini
maintenant.

Il y a des eaux que dérident les vents capricieux
Et qu'illumine l'opulence des cieux à longueur de jour
Alors qu'ensuite, d'un geste, le gel fige le bal des
vagues,
L'errance de la beauté. Il laisse blancheur
Glorieuse sans partage, épaisseur de lumière,
Largeur et paix radieuse, sous la nuit.

V. Le soldat

Si je venais à mourir, gardez de moi l'idée
  Qu'un coin de campagne étrangère
Est Angleterre à jamais. Invisible, sera
  Mêlé à ce limon un humus plus riche.
La patrie a porté, formé, éveillé cet humus,
  Donné, un jour, ses fleurs à aimer, ses chemins
Pour courir, à un de ses fils qui respirait son air,
  Lavé par les rivières, béni par les soleils d'Angleterre.

Et dites-vous que ce cœur, de tout mal épuré,
Quelque part dans l'esprit éternel, vibre tout autant
  Des pensées que lui a données l'Angleterre :
Paysages et bruits, rêves bons comme son jour,
  Rire, de l'amitié appris, et délicatesse,
Dans la paix des cœurs, sous un ciel d'Angleterre.

Le grand donneur d'amour

J'ai donné tant d'amour, je me suis adonné
Si fièrement à la splendeur d'hymnes à l'Amour,
À la douleur, au calme, à l'étonnement, au désir sans
    frein
Mais pourtant satisfait, à tous les mots
Que les hommes chérissent, pour tromper le désespoir,
Pour ces méandres aveugles où dévalent nos cœurs
Au gré des sombres versants de la vie.
Je voudrais, avant que le silence obtus et feutré
Ne tombe sur ce conflit, tromper la Mort ensommeillée
Au point que ma nuit reste souvenir d'étoile
Plus brillante que tous les soleils de toutes les vies.
Pourquoi ne pas couronner d'un chant immortel,
Ceux que j'ai aimés, qui m'ont donné, ont osé avec moi
De sublimes secrets, qui, dans le noir, à genoux,
Ont cherché l'indicible divinité du délice ?
L'Amour est flamme : notre fanal dans la nuit du
    monde.
Cité : qu'eux et moi avons bâtie.
Empire : nous avons montré au monde comment
    mourir.
C'est donc, avant de tirer ma révérence, pour ceux que
    j'ai aimés,

Pour la noble cause de la splendeur de l'Amour,
Pour que jeunes demeurent les loyautés, que
*   j'enluminerai*
De ces noms, aigles, pleurs, une oriflamme
Qui éclairera les hommes à jamais,
Défiera les générations, flamboiera, flottera
Au gré du Temps, rayonnante, déployée…

Sur ces choses aimées :
*   Vaisselle blanche, brillante et propre,*
Cerclée de bleu ; féerique duvet des poussières ;
Toits humides, sous le réverbère ; robuste croûte
Du pain de l'amitié ; mets aux multiples saveurs ;
Arcs-en-ciel ; âcre fumée bleue du bois ;
Éclat des gouttes de pluie sur un frais divan de fleurs ;
Fleurs elles-mêmes, qui bercent des heures au soleil
Leur rêve de papillons venus les boire sous la lune ;
Accueil amical, ensuite, de draps frais prompts
À chasser, atténuer le tracas ; rude et mâle baiser
Des couvertures ; grain du bois ; lustre de la chevelure
Dénouée ; bleu des nuages accumulés ; intense
Et froide beauté d'une formidable machinerie ;
Bénédiction de l'eau chaude ; fourrures sous la main ;
Vieux vêtements que l'on hume ; ce genre de choses ;
Réconfortante senteur des doigts amis ;

Fragrante chevelure ; lente décomposition
Des feuilles mortes et fougères de l'an passé…
                              Des noms chéris
Et mille autres m'assaillent ! Flambées royales ;
Doux rire et fossettes coulant de la source ou du
    robinet ;
Terre fouie ; voix qui chantent vraiment ;
Et voix qui rient ; souffrances du corps
Bien vite apaisées ; train au profond halètement ;
Sables fermes ; petit ourlet d'écume qui s'émousse,
Brunit et s'amenuise quand la vague rentre au bercail ;
Galets lavés pour une heure de brillance ; froide
Gravité du fer ; humus humide et noir ;
Sommeil ; hauts lieux ; traces de pas dans la rosée ;
Chênes, marrons d'Inde comme cirés de neuf ;
Bâtons fraîchement écorcés ; flaques luisantes sur le
    gazon,
Tant et tous aimés, vous aurez votre fin
Car, de ce qui ne finit pas, le grand moment venu,
Ni ma passion, ni toutes mes prières n'auront raison,
Et rien ne franchira avec moi le portail de la Mort.
Ce sera désertion, méphitique trahison,
Violation de notre noble pacte, contrat d'Amour à
    l'encan
Et union consacrée traînée dans la poussière.

Oh, nul doute que, quelque part, je me réveillerai,
Donnerai encore une fois mes restes d'amour, et ferai
D'inconnus de nouveaux amis…

> *Mais le meilleur à mes yeux,*
Rivé ici, change, se rompt, vieillit, vole
Aux quatre vents du monde, disparaît de la mémoire
Des vivants et meurt.

> *Rien ne subsiste.*
Ô choses tant aimées ! Ô inconstantes ! Une fois encore
Je fais cet ultime don : que les hommes à venir
Vous connaissent, et les amants ultérieurs, si loin de
    nous,
Vous chantent : « Belles étaient ces choses » et disent :
    « Il a aimé. »

Partir la nuit

Le maelström de mains, de visages illuminés, file.
  L'état second égrène ses dernières minutes, la
    clameur
Cesse. Divine au-dessus de l'immense portée du toit,
  Écharpée de fumée, la nuit darde les couleurs

D'un millier d'yeux sur l'impérieux mystère de la ligne.
  Assoiffé de ténèbres, tu sens le train, sur toute sa
    longueur,
Tressaillir, s'étirer, s'ébrouer, glisser, s'arracher,
  Tentacule tendu vers le lointain, respirer, reprendre
    vigueur…

On dirait un homme qui, sous l'empire de l'heure,
  Se lève, se déploie vers la lumière et, amant,
Poitrine gonflée, regard fixe et sans voir, bras ouverts,
  Tête rejetée en arrière, muet, bouche bée, va de
    l'avant.

Comme fleuve en crue, vent puissant, vigoureux et
    tranquille,
    De plus en plus fort, de plus en plus dieu, mû
Par son inébranlable résolution, son énergie, son
    détachement,
    Exalté qu'il est par la montée d'un vouloir inconnu,

Il s'enfonce dans la nuit, triomphe et atteint son but,
    Loin de son âtre, de ses quatre murs !…
Il existe une destination bien définie, Ô mon âme !
    Les signaux flamboient, rouges et verts. L'obscur

Se pare de volutes de vapeur livides et fantastiques.
    Nous voici emportés, Dieux dissous, fanaux dans
        le jour,
Unis par le vouloir, masse de rêveurs ivres de leur fin.
    Les becs blancs grondent ; la rumeur du monde
        tourne court.

Alors lèvres et rires s'enfoncent dans l'oubli,
    La vitesse s'aiguise, s'accroît. Dans la nuit, en même
        temps,
La force et la splendeur de nos intentions vacillent.
    L'éclairage baisse, les étoiles pâlissent. La solitude
        nous attend.

NUAGES

Dans la nuit bleue, l'interminable déferlement de leur
*   cortège,*
*   Tumulte silencieux d'une marée de creux et de crêtes,*
S'enfonce dans le Midi lointain, monte en bosses de
*   neige*
Jusqu'à la lune blanche, à ses beautés secrètes.
Solitaires et menaçants, ils interrompent parfois leur
*   errance,*
*   Se retournent lentement et posent mais, le geste*
*   grave, l'air absent,*
*   Comme s'ils priaient pour le bien du monde, ont*
*   bien conscience*
Que leur bénédiction ne brasse que du vent.

Ils disent qu'au lieu de mourir les Morts restent
*   Aux côtés des héritiers riches de leurs joies et de*
*   leurs misères.*
*   Je crois qu'ils flottent dans le calme à mi-ciel et,*
*   comme eux,*
Sages, majestueux, mélancoliques, en colonnes célestes,
*   Contemplent la lune, les océans toujours furieux,*
*   Autant que les allées et venues des hommes sur la*
*   terre.*

Une journée

J'ai eu du bonheur aujourd'hui. Toute la journée
  S'est passée dans le souvenir de toi. J'en ai
Ourdi le rire dans le feu follet des embruns,
  Semé le ciel de petits panaches d'amour.
Je t'ai envoyé courir les vagues blanches de la mer,
  Couronné le chef d'extravagances sans valeur,
De brandons disséminés sous les cendres de ma détresse,
  Réjoui par une gaieté nouvelle, muette, insensée.

Ces noirs souvenirs m'ont gentiment diverti,
Autant qu'amuse l'enfant, sous les ciels d'été,
  Heure après heure, une étrange et brillante pierre
Pour laquelle (il l'ignore) des villes furent jadis
    incendiées,
  Des amours trahies, des meurtres perpétrés,
De grands rois réduits au tertre d'humus amer.

LESLIE COULSON 1889-1916

S'engage dès le début des hostilités. Blessé à
Gallipoli, le Sergent Coulson trouve la mort à
Lesboeufs, le 8 octobre 1916. 10 000 exemplaires de
ses poèmes sont vendus en 1917.

DE LA SOMME

Je chantais les choses simples naguère,
   L'été des matins, l'été des midis et des nuits,
La rosée sur l'herbe, sur les ronds de sorcières,
   Le long vol doré des mauvis.

Quand, au cœur de la forêt, je donnais récital,
   Les écureuils dans les cimes écalaient à l'unisson,
Parfois, sur les sables mouillés du littoral,
   À la mer et au ciel je lançais ma chanson.

Quand la nuit avançait, à pas de velours,
   Près des croisées ouvertes sur les gazons odorants
Je venais chanter tout bas amour et plaisir d'amour
   Pour des faunes de marbre, muets et blancs.

Souvent, dans la salle d'une taverne, je chantais
    La montagne, le soleil levé sur la treille,
Et, réclamant un chœur, je pinçais
    Le luth à la gloire du bon vin vermeil.

Tous mes jeux, les dieux m'en faisaient don,
    Je chantais mes airs et prenais du bon temps.
Aujourd'hui brisées, mes amusettes sont à l'abandon
    Et j'ai jeté bien loin mon instrument.

Je chantais naguère : me voici au bord des larmes.
    En mon âme sourd l'étrange musique
D'un chœur profond, trop énorme
    Pour mes pauvres lèvres, trop tragique.

IVOR GURNEY   1890-1937

Poète et compositeur prolifique. Simple soldat.
Sert d'abord en Belgique. Blessé à Bihécourt en
1917 et peut-être gazé. Termine sa vie très perturbé
et en mauvais état de santé mentale.

ADIEU AUX ARMES

Après trois semaines de gel et de dégel
Sur Chaulnes, boue affreuse, eau par-dessus
Les bottes dans les fonds, parfois gelée la nuit,
On nous envoie, pieds en compote, vers un
    cantonnement, loin :
Paille et thé chaud, davantage de pain, davantage de
    courrier…
Une semaine de récupération ; maintenant on a
Moins mal aux pieds, et de la bière, un peu de pain,
    du vin.
Mais pas la force demandée pour retaper les routes
À des corps fourbus, des pieds malades, des ventres
    vides.
Au chaud, de quoi dormir. Un palace cette grange.
Et puis, d'un coup, la nouvelle : les Fritz se sont
    repliés…

Quoi ! De Chaulnes, aux barbelés sur des mètres, où
   une patrouille
Se faisait tirer dessus à minuit, cheminement respecté,
Pas d'autre choix ? Quelle horreur, ce labyrinthe obligé.
Mais c'est vrai. Trois jours de marche, retour à la case
   départ,
On traverse une haie, No Man's Land, on aperçoit
   d'autres lignes,
Des casemates, des postes de commandement et, plus
   loin,
Des positions d'artillerie avec leurs barbelés, des QG
   de division.
On continue jusqu'à Omiécourt, trouve à se loger :
   des restants
De fermes, mais du bois à gogo et de l'eau pure,
Du feu, du chaud, un logement chaud quand la bise
Sabre autour de notre unique carrée.
Un antiphonaire, plain-chant superbe dans l'obscurité
De l'église démolie, des journaux allemands, des tas
   de trucs...
Une vingtaine de cartes postales dans une piaule :
   tout ça
Récupéré, pour le regretter après...
Mais d'abord l'abri ; les souvenirs, c'est la récompense.

Après, progression lente jusqu'aux routes que nous
    avions retapées,
Fourbus, affamés, le cœur dans les genoux ;
Jusqu'à la dernière crête, la flamme bleue de la Somme
(Mars en sourdine… doux sous le soleil). On avance,
    franchit
Le pont effondré que répare le Génie : madriers
Sur la brèche, quel boucan, mais ça tient, du Train qui
    ferraille,
De l'Artillerie. On passe Y et un autre énorme tas de
    ruines bombardées,
(Sacrément énorme) on pousse jusqu'à Caulaincourt
    au beau vallon.
Demeure des morts, des hommes de Napoléon
Gisant dans leur Mausolée, à cent lieues d'une
    invasion, de voir
Des Gloucester garder un endroit sans intérêt sauf
    pour ceux
De l'ancien régime du temps de Rousseau ou de Le
    Sage.
Mais ils étaient braves les gars de Caulaincourt, du
    genre
Pleine communion avec les creux et les bosses du chemin
Et du val qu'illumine la rivière tout juste éclose,
Sœur du jeune Artois, future fille unique de la Somme,

Belle et scintillante avant l'extinction des feux
À t'emplir le cœur de larmes. (J'ai grimpé, genoux
    flageolants,
J'ai vu des terres incultes et la mignonne vallée...*)
    Passage
De prisonniers allemands, arrogants ; un autre tout
    joyeux. Sortie
Vers l'artillerie devant Vermand où (réparation de route)
Notre capitaine, à découvert, se fait arroser d'une salve,
Son cheval prend peur. Une compagnie s'empare de
    Vermand,
Fait deux prisonniers. Premier trophée : une
    mitrailleuse...On pousse
Vers les défenses jadis érigées contre l'envahisseur
Venu de l'est, nobles bastions de Vermand, de
    Caulaincourt, de la Somme,
Œuvre d'hommes libres vouant l'épée aux Gémonies
    sur le champ.
Ardents et revêches terrassiers, ou bien hâte contenue
D'en finir : promesse de démobilisation et de fin pour
    demain
(À qui le dites-vous !) Beau camp de César ** d'abord
Aperçu dans la nuit sombre. Et une semaine des pires,
De temps exécrable, malades du corps et du cœur,
À voir le vert passer au blanc, le blanc à l'or,

En alternances de grésil et d'éclaircies, de grains et de
  soleil bougon.

La première nuit, à plat ventre, tandis que les autres
  creusent,
Figé de glace et de trouille. Deux heures les yeux rivés
  sur les Fritz,
À ne voir que des bouffées de neige sur fond de
  bosquets
Ou une crête nue… Repos le lendemain, avance à la
  nuit
Jusqu'au bois proche, patrouille et retour : rien que des
  illusions
D'ombres, rien qu'un fortissimo de feuilles sèches
  agitées.
Retour encore, une journée de soleil pré-printanier.
Bombardement fritz le lendemain tandis que l'on garde
Notre artillerie faiblarde, moins nombreuse d'un tiers :
On s'enterre, sous les troncs et les buissons.
On reste, dans nos trous, une toile pour abri et contre
  le froid.
Les feuilles d'hiver tombent dessus les unes par-dessus
  les autres
Et les arbres dégoulinent. Je suis de garde, avec deux
  autres

Quand soudain, à soixante mètres, se pointent trois
  costauds
Allemands... la sentinelle (les ordres) court en douce
Avertir le reste. Son camarade décampe tout couvert
De honte... moi seul (bon tireur) en avant poste ?
Ivor Gurney, te voilà isolé, ne fais aucun bruit, attends.
Les autres sont à l'orée du bois ; ne pas tirer pour rien.
Pas de bruit, pas de bruit... Trouver – (une fois, c'était
  une mine)
Mon barda m'accroche l'oreille droite, la baïonnette
M'entre dans les côtes – le guidon. Où es-tu, adorable
  reflet
Du guidon sur fond de bois, bronzé noir !
Ils atteignent le bois. Je fais feu en plein sur celui du
  milieu.
Rien ne bouge ; encore un coup, à droite de celui de
  gauche.
Rien ne bouge ; encore entre celui de droite et celui du
  milieu...
Et là-haut c'est ma section qui fonce dans un fracas de
  branches,
Et les Allemands de disparaître aussi vite que des
  chevreuils, de faire
Demi-tour. De fort beaux types, bien nourris, pour nos
  crève-la-faim :

Deux caporaux ; un première classe plein de soupe et
    de vie
À première vue… Comment ai-je pu les manquer ?
    Comment ai-je pu ?
Je me refuse pourtant à y croire (refus catégorique)
Et à croire qu'on peut prendre une balle dans le buffet
    devant l'ennemi
Sans tomber. Moi, qui dégommais des poteaux
Aussi difficiles à tirer que des fantômes sous les fusées à
    Laventie…
Des poteaux et tout ce qui résonne… Je trouvais,
Et trouve toujours absurde l'idée que puisse passer
    entre les tripes
Une balle, même une minuscule balle de notre
    Infanterie,
Sans que le type, toujours debout, ne gigote comme un
    dingue
Ou ne soit blessé… Pas vu de types mieux en six
Semaines, quand on pense à nos épouvantails sans
    jus…
Qui marchent au moral, compagnons du ventre vide,
Tandis que ces Messieurs bien en chair s'amènent
    comme des hobereaux
Pour surveiller le travail du laboureur, la panse pleine
    de bon café,

Heureux d'avoir bavardé au coin du feu de bûches dans
  la cheminée…
Oh ! oh ! angliches feuilles de chou, quotidiens
  français, qu'est-ce que c'est
Que ces histoires de Bavière ou de Saxe à genoux et
  affamées ?
Que ces histoires de trois plats sur table alors qu'ici, les
  salauds
Déboulent à douze à l'heure comme si de rien n'était,
Se paient une promenade de santé après un repas de
  milliardaires
(Voir le calibre et ce qu'ils font) ? Oh ! Wurtembergerie,
Est-ce que c'est comme ça que tu truques tes
  communiqués ?
C'est ça ton contingent de bleusailles en déroute ?
(Deux de cette classe-là, ça ne se voit pas tous les
  jours…)

On en cause… je me fais incendier… petite
  escarmouche :
Je les avais engueulés, ça émoustille, regardés
  disparaître
Comme des champions olympiques derrière leur crête
  crayeuse.

« Au revoir. » « Les gars, je suis sûr de les avoir eus aux tripes,

En plein dedans ou pas loin… Vous savez que j'allume des poteaux dans le noir,

Le barda autour du cou… » Mais on ne fait qu'en rigoler :

« Rater à douze mètres, soldat, c'est sans excuse ! »

Retour à la tranchée la nuit d'après : voilà qu'on nous dit

Qu'on va monter prendre sur l'autre versant une saloperie

De barbelés invisibles. Ils bombardent, nos canons rasent ou essayent.

À sept heures ça se met à bruiner ; à dix on est en formation…

Et (qu'est-ce qu'ils foncent) c'est la course à travers champs,

Je peste, j'ai du mal à courir, un noir silence plombe

Tout le coin, le brouillard a l'air de pleuvoir,

Je suis mou comme une chiffe « Y en a encore pour longtemps, merde ? »

« Ta gueule ! » qu'ils disent. Et moi « J'en ai marre ! »

« Ta gueule ! » qu'ils disent. Et voilà que ça se met à brailler de joie.

Le flanc gauche y est arrivé… Je trébuche et tombe
  dessus sans rien voir,
Tête levée… gaffe aux barbelés du haut qui
  t'arrachent le visage.
Contact, à plat ventre… des feux : les nôtres ou bien
Les leurs, coupés les fils ? Je n'en sais rien, mais,
  derrière,
La deuxième ligne, impatiente, me saute par-dessus
  le casque
Et les mitrailleuses crachent à plein tube, à plat, plus
  à plat,
(Bon Dieu, que ça fait mal) encore plus à plat, j'en ai
  le corps
Tout aplati, collé dans la boue, et pas une seule brèche
  dans les barbelés.
Artillerie, mon œil…
Le guignol de la compagnie et mon petit lieutenant
Y vont en rampant, coupent un fil ici et là… sur dix
  mètres, on dirait,
En avant (ou plus de trois) et les obus qui tombent et
  cette saleté
De mitrailleuse qui arrose… Oh ! S'aplatir encore,
  encore plus ; Vermand,
Trop de craie… On recule… Des trous difficiles

À creuser. Par-dessus le brouillard, la lune diffuse une
   lumière
Tamisée, on aperçoit un vieux nid de mitrailleuse…
C'est tout. On est un peu vers le creux du vallon.
On repart, pour prendre la même position. Il fait plus
   clair, on voit les barbelés :
Trop serrés pour s'y risquer. Plus personne en pointe.
   Et on recule encore.
Et voilà que j'ai le bras en feu, que la douleur m'irradie.
Finie la musique… À genoux je maudis la double
   traîtrise
Des Fritz envers l'Europe et la musique anglaise :
Saloperie de Poméranie, de Saxe, de Wurtemberg, de
   Bavière,
De Prusse, de Rhénanie, de Mecklembourg, et de
   Poméranie
Encore… (J'oublie quand même la Franconie et la
   Souabe.)
Je fais : « Les gars, voilà que ça remarche. »
(J'emprunte un fusil et tire une balle pour dire « Ainsi
   va la vie.
Mon bras, y va pas tomber ; j'crois que j'suis bon pour
   une perme. »)
Les brancardiers me le ficellent en douceur, bien fait…

Du blanc dans le noir… Et adieu à tous ces biffins
qui gueulent.
Je traverse la réserve dans le chemin creux… Des
Oxford pour autant
Que j'aie pu voir et qui veulent savoir : « Oh ! des
barbelés, des barbelés, des piquets, du bois…
Des mitrailleuses, des mitrailleuses, des obus… Rien
d'autre. Bonsoir ! »
Je passe entre les balles qui pleuvent sur le flanc de la
colline.
(Mitrailleuses) C'est tellement dangereux… épuisé, je
m'en fous :
C'est le rapatriement, la faim, la faiblesse, le dégoût qui
chasse la peur.
Je glisse vers le rapatriement ; l'espoir revient.

(*) La petite rivière s'appelle l'Omignon.
(**) L'oppidum de Vermand.

Du côté de Vermand

À plat ventre à frissonner dans un froid de canard
On a le temps de regarder les étoiles. Enterrés,
On scrute l'est, par dessus le pli. Mars nous harcèle
    les sens
De ses rafales ; mourir ou lutter ne sert plus à rien.
Sur la gauche, des arbres courtauds (on jurerait les bois
    des Cotswolds)
Se montrent entre les bourrasques de neige sous le ciel
    clair et ses étoiles.
On a l'esprit accaparé par le froid et l'émerveillement.
    Tout est abomination
Et beauté raffinée, vêtements trempés et abominables.
On a ça dans la tête. On crève de froid, d'envie de feu.
Et demain, du pareil au même : la pioche ou bien les
    barbelés.

Harcelée par les bourrasques de neige, à plat ventre, la
    chair abomine la terre.
Sentinelle aux avant-postes, ma relève est prévue dans
    environ
Un quart d'heure. Rien de plus à faire que de se faire
    tout petit

Dans les trous difficilement creusés, vautrés dans la
   caillasse gelée,
En proie au mal du pays à en crever, le cœur navré.
Y ai-je jamais été, au chaud et sous la lampe, avec
   Bach, à la recherche
Du sacré ? Alors que la chance est perdue, l'amour à
   croire sur parole.

SOUS LE JOUG

Qui tolèrerait, si ce n'était pour l'Angleterre,
Ce joug pesant une seconde de plus ?
Tenir un lupanar, balayer, passer la serpillière
Dans le plus affreux taudis serait bien au-dessus
De ce que les gradés nous font subir. À hue, à dia,
Harcelés de bêtise, bêtes curieuses
Pour badernes bouffies de vanité. Tout ce tas
De vannes éculées aussi vides que creuses.
Seuls nos camarades nous mettent du miel
Au cœur : ils aiment à rire envers et contre tout.
Comme celui qui scrute la nuit attend du soleil
Son réconfort, je tire le mien de ces pioupious
Blindés contre le déluge de feu, les brimades,
L'adjudant braillard et la canonnade.

Requiem

Pleuvez en lumière, Ô étoiles, ne privez pas
*   De votre plus belle clarté la coquille usée de la terre !*
Brillez pur, brillez froid ; aussi pur, aussi froid
*   Que le visage de l'ami que j'enterre.*

Souffrance

Ils souffrent sans répit, ils souffrent tout le temps.
Le plus endurci souffre, et quant à l'affamé
De beauté… Le plus grand des malins, tout autant
Que le cœur le plus enclin à s'abîmer,
Perdent la notion du temps, oublient la grisaille
Lourde sur le ciel gris, la boue grise où piétinent
Des colonnes grises, trempées, d'épouvantails
Résignés aux atrocités qu'on leur destine ;
Qu'ils lisent dans les yeux de ceux qui agonisent,
Des chevaux blessés, trop faibles pour réagir,
Au fond des trous d'obus où la boue les enlise,
Des hommes brisés qui hurlent dès que ça tire.
Avant de s'engourdir, de succomber, le cœur
Égaré maudit Dieu, lui clame sa rancœur.

AU JEUNE POÈTE AVANT LA BATAILLE

L'heure arrive tôt de ta passion redoutée.
Il te faut tout laisser de ce que tu chérissais
Pour, comme d'autres, affronter le grand jour,
Ne trembler ni au sourd fracas des tambours
Ni sous la stridence des clairons. Quand le vacarme
Suffit à t'obnubiler, quand la peur t'ébranle l'âme,
Évoque la noblesse de ton grand art, pour que nul
Ne couvre le poète d'opprobre. Alors seront oubliées
Les miettes de louange que les rimailleurs prenaient
*   plaisir*
À ramasser. Alors ils devront nous concéder,
Outre la maîtrise des mots, la force et le courage
De ceux que nous avons chantés. Fais
Du nom de poète un foudre de juste guerre,
Pose-le en couronne d'honneur sur le combat.

W.N. HODGSON 1893-1916

Fauché à la tête de sa section près de Mametz
(Somme) le 1 juillet 1916.

LA PATRIE À SES ENFANTS

Mes fils, que j'entends vibrer
Aux accents de la trompette guerrière,
Je vous donne ces armes, prenez-les
Comme, avant vous, j'ai adoubé vos pères,
Les meilleurs de mes fils, portés dans l'amour et
    l'angoisse.

Servez librement, jugez sagement,
Ne craignez que le fétide déshonneur,
Trempez votre acier, supportez sans gémir
Deuil, échec, souffrance et mort,
Forts de la foi qui sauve et de l'espoir triomphant.

Marchez ! Que le Dieu des batailles
Vous tienne en Sa grâce tutélaire !
Et si, dans Sa sagesse, Il offre
Son sommeil bien-aimé,
Je l'accepte et ne réclame qu'un coin pour pleurer.

T.M. Kettle   1880-1916

Mort sur le front de la Somme le 9 septembre 1916.

À ma petite Betty, ce don de Dieu

Quand tu seras plus sage, mon bouton de rose chéri,
*   épanouie,*
Éclatante de beauté comme, dans sa jeunesse, ta mère,
Quand viendront enfin ces années désirées, inouïes,
Tu voudras savoir pourquoi je t'ai abandonnée, toi,
*   ma chair,*
Et ce cœur chéri, trône de ta tendre enfance, pour risquer
Ma vie contre la mort. Alors tu entendras autant de
*   rime*
Que de raison : d'aucuns jugeront mon pari sublime
Et doctement d'autres sauront le critiquer.
Ici, quand le canon tonne, déchaîne ses fureurs,
Quand les hommes peinent, dorment, marchent dans
*   le bourbier,*
Sache que les morts insensés et que nous, maintenant
*   avec eux,*
N'avons donné notre vie ni pour le drapeau, ni pour le
*   roi, ni pour l'empereur,*
Mais pour un rêve, né dans l'étable d'un bouvier,
Et pour le secret Évangile des gueux.

Rudyard Kipling 1865-1936

Perd son fils, John, âgé de 18 ans, en 1916.

Souvenirs

1930
« L'éradication des souvenirs de la Grande Guerre »
Organe du gouvernement socialiste

Ainsi parle le gouvernement socialiste :

Même si l'on vouait tous les morts à l'oubli,
   Même si l'on rasait tous les cimetières,
Le ver, le ver qui ne meurt point,
   Nous mène à notre perte.
Même si notre volonté asservit
   Tout ce qui fut jadis Angleterre, les morts
Dont nous nous sommes lavé les mains,
   Ont toujours droit au respect.

Nous n'avons jamais soulagé leur fardeau.
   Nous avons multiplié leurs malheurs ;
Nous sommes servi de leur voie, à quel prix tracée,
   Pour commercer avec leurs ennemis :

C'est pourtant vers eux que des hommes se tournent,
    Devant eux qu'ils renouvellent leurs serments
De fidélité, d'obéissance, de sacrifice,
    D'honneur et de courage !

Denrées nécessairement périssables. Mais notre heure
    Ne viendra pas tant des piques ou de l'épée
Que, subtilement, de l'effet décapant
    De mots sans importance.
Nul besoin de mettre les points sur les i
    Au moyen de quelque estocade ;
Mais, voyez comme est massacré leur souvenir
    Bien avant que leurs os ne retombent en poussière !

Sagacement, au fil des ans, escamoter quelque
    couronne,
    Se débarrasser de quelque célébration de fierté ;
Chaque jour salir de notre souffle
    Les fins pour lesquelles ils sont morts ;
Détourner, dénigrer, décrier, confondre,
    (Ou bien, si cela nous arrange, prier !)
C'est ainsi qu'aujourd'hui nous détruisons le sens
    Et l'utilité de leur vie !

Francis Ledwidge   1887-1917

Huitième des neuf enfants d'un paysan irlandais
chassé de sa terre. Dégradé pour insubordination
après l'insurrection de Dublin (Pâques 1916).
Sert sur tous les fronts. Trouve la mort près d'Ypres
le 31 juillet 1917.

Monologue

Dans mon enfance je prenais soin
De ne pas me voler la part qui me revient
Dans ce qui rend agréable l'effort
De vivre, mourir et pourtant vivre encore :
Un nom dans le soleil, écrit plus haut
Que rêve de poète ou d'oiseau.

Mais je me suis lassé de bien faire,
À cause des basses délices de cet enfer,
Où je fréquentais les brigands braillards
Maraudeurs des vergers, pillards
Des clochers où nichent les choucas,
Qui faisaient chanter le coq avant l'heure.
Du vaurien que j'étais, les voisins à leur labeur
Quotidien faisaient leurs choux gras.

Et me voici à boire du vin en France,
Porté par un jeu de circonstances.
Demain quand se déchaînera la guerre,
Que vaudrai-je sous son tonnerre ?

Il est trop tard pour revenir en arrière
Sur un rêve brisé, trop tard pour se refaire
Une vertu, mais il est encore temps
De rendre grâce aux dieux pour ce qui est grand :
Le tranchant d'une épée, le cœur d'un soldat,
Sont plus grands qu'un poète et son art.
Plus grand qu'un poète, que son renom :
Un carré de terre sans nom.

JOHN McCRAE   1872-1918

Médecin, meurt en service le 28 janvier 1918.

Extrait de L'INQUIÉTUDE DES MORTS

Silence, Ô canons, laissez les soldats entendre
   Les légions montantes leur marcher sur le corps
(Jetés dans la bataille la peur au ventre,
   C'est dans l'ignorance qu'ils sont morts).

Taisez-vous, Ô gueules de feu, laissez-les apercevoir
   Le jour qui point et balafre le ciel tout là-bas ;
Faites que votre chœur si puissant leur donne à voir
   Tout comme à César, que nous continuons le
   combat.

Dites-leur, Ô canons, que nous entendons leur désir,
   Que nous ne renierons pas notre serment,
Que nous avancerons jusqu'à vaincre ou mourir,
   Que nous resterons fidèles à leur engagement.

Priez-les d'attendre le jour, proche, de la délivrance :
   Alors ils sentiront, sur la terre, le poids de la paix ;
Alors ils salueront, émerveillés, l'aurore en son silence,
   Et pourront s'endormir pleinement satisfaits.

En terre de Flandre

Peut-être le poème le plus souvent cité de nos jours.

En terre de Flandre fleurissent les coquelicots
Entre les croix, rangée après rangée,
    Plantées sur nos tombes. Là-haut,
    Vaillantes, les alouettes chantent toujours,
Que les canons, en dessous, n'entendent guère.

Nous sommes les Morts : naguère
Éveillés à l'aurore, au soleil couchant,
    Aimants et aimés, alignés aujourd'hui
        En terre de Flandre.

Embrassez notre querelle avec l'ennemi :
De nos mains défaillantes nous vous transmettons
    Le flambeau. À vous de le porter haut.
    Si vous faites faux bond à nous qui mourons
Nous ne dormirons pas, même sous les coquelicots
        En terre de Flandre.

E.A. Mackintosh   1893-1917

Gazé, mort au champ d'honneur à Fontaine
Notre-Dame (Nord) le 21 novembre 1917.

In memoriam

D. Sutherland, simple soldat, tombé dans la
tranchée allemande le 16 mai 1916, et à ceux
qui ont perdu la vie.

Vous étiez donc le père de David,
Et c'était votre fils unique,
Et les tas de tourbe pourrissent,
Et tout le travail reste à faire,
Parce qu'un vieil homme pleure,
Rien qu'un vieil homme à son chagrin,
David, son fils David,
Qui jamais ne reviendra.

Oh ! les lettres qu'il vous a écrites,
Et que je revois,
Pas un mot des combats,
Rien que les moutons sur la colline

Et comment rentrer les récoltes
Avant le surcroît d'orages,
Et les Boches ont son corps,
Et j'étais son officier.

Vous n'étiez père que de David
Alors que j'avais cinquante fils
Lorsque nous sommes montés dans le soir
Sous la voûte des obus
Et revenus au crépuscule…
Dieu ! Je les ai entendu me crier
Au secours, implorer ma pitié,
Tout cela en vain.

Oh, jamais je ne vous oublierai, vous
Mes hommes, qui aviez confiance en moi,
Plus mes fils qu'enfants de vos pères
Qui ne vous voyaient
Qu'en petits bébés sans défense
Qu'en jeunes hommes pleins d'orgueil.
Qui ne vous voyaient pas mourir.
Vous n'agonisiez pas dans leurs bras.

Heureux, jeune et vaillant,
Ils ont vu partir leur premier-né,
N'en ont pas vu briser la force,
Abattre la virile beauté,
Se tordre le corps qui hurlait,
Pathétique : « Ne m'abandonnez pas,
Mon Lieutenant. » Ils n'étaient
Que vos pères : j'étais votre officier.

John Gillespie Magee 1922-1941

Anglo-américain. Engagé dans la Royal Canadian
Air Force. Trouve la mort dans un accident le
11 décembre 1941. Ce poème est entré dans
la légende de l'aviation.

Altitudes

Oh, je me suis défait des hargnes terrestres
Pour danser au ciel dans un rire d'ailes d'argent.
J'ai poussé vers le soleil, pris part aux joyeux ébats
Des nuages que l'astre écartèle, fait quatre cents coups
Qui dépassent votre entendement. J'ai viré, volté, valsé
Dans le silence radieux des altitudes. J'y ai plané,
Suivi la meute hurlante des vents, lancé mon appareil
À la conquête ardente de pistes éthérées.

Dans la fièvre d'un délire d'azur, j'ai culminé,
Chassé, croisé plus haut que les sommets furieux
Où jamais l'alouette, jamais l'aigle même, n'ont volé.
Et dans le silence de l'esprit qui me portait aux nues,
M'ouvrait le sanctuaire inviolé de l'espace,
J'ai tendu la main et touché le visage de Dieu.

R.B. Marriott-Watson 1895-1918

Engagé dès le 11 août 1914. Porté disparu à Cugny,
(Aisne) le 24 mars 1918. Monument de Pozières
(Somme).

Kismet[*]

Le ciel à l'ouest s'enflamme d'opale
  (Ce qui est écrit s'accomplira toujours),
Une balle vrombit, siffle, se plante
  Dans le cœur d'une sentinelle toute proche :

D'aucuns s'en vont tôt, d'autres sur le tard
  (Déchirure de mort dans l'air du soir),
Mais qui donc croit au destin
  Lorsque fuse une âme dans le couchant ?

[*]Destin, en arabe, persan et turc.

Wilfred Owen 1893-1918

Sous-lieutenant. Fauché à la tête de sa section à Ors (Nord) le 4 novembre 1918. Sa mort fut annoncée à ses parents alors que l'on carillonnait l'Armistice. Peut-être le plus célèbre des poètes de la Grande Guerre, longtemps controversé.

À la Poésie

Ils sont mille et cent tes amoureux transis
À te supplier, entourer ton trône, Ô Poésie.
J'en suis, ma plainte se joint à la leur,
Et, bras tendus, j'implore ton aide. Oh, aie pitié de
*   moi !*
Nul homme, sauf ceux à qui tu as permis d'accéder
Et de s'asseoir à ta hauteur, donné ta belle onction,
Te disant leur servante et leur amie,
Ne t'a aimée d'un amour plus pur que le mien.
De même que tu te donnes, si belle et si facile,
À des maîtres sans nombre, de même, rebelles,
Certains ne te vouent qu'un culte partagé,
Implorent une autre déesse pour guider leur plume
Et prennent leur plaisir avec une autre muse.

Je ne suis pas des leurs ! Je ne cesse pas d'aimer,
Ne me satisfais pas d'aimer pour les seuls plaisirs
D'un jour tombés de ta main là-haut,
Quand d'aucuns prêtent l'oreille à tes trémolos
Dont la sourde et triste mélodie, pour eux,
Se fait l'écho d'airs jadis tant chéris ;
Quand d'autres, seulement épris de ta grâce,
Se complaisent à te prier à genoux,
À souvent déceler sur ton visage les sourires
D'une lointaine et terrestre jouvencelle.

(J'ai vu se foncer le vermeil de sa bouche)

J'ai vu se foncer le vermeil de sa bouche ronde, tombé
  Tel un soleil, dans un ultime et profond coucher.
J'ai contemplé la magnificence d'un adieu qui s'abîme
  Et se voile, entre lumière et noirceur,
Le feu d'une ultime splendeur au firmament de sa joue.
  J'ai vu dans ses yeux
Les étoiles froides, sans âge et mornes,
  S'allumer dans d'autres cieux.

Revue de détail

« *Vous ! Qu'est-ce que ça signifie ?* » fais-je, cassant.
« *Vous osez vous présenter dans cette tenue ?* »
« *Excusez, mon adjudant, c'est…* ». « *Silence !* »
    aboie l'adjudant.
« *Je l'signale, m'nadjudant ?* ». « *S'il vous plaît, et*
    rompez. »

Il s'en tire avec quelques jours de 'consigne',
Pour s'être 'présenté en tenue malpropre.'
Par la suite il me révèle que la foutue tache
C'était du sang, le sien. « *Mais le sang tache* » *fais-je.*

« *Le sang, ça tache.* » *Il se met à rire et détourne le*
    regard,
Vers le lointain où son sang avait coulé de sa blessure
Et failli se mélanger à la glaise pour toujours.
« *Le monde se lave de ses taches* » *ajoute-t-il.*
Il n'aime pas ce rouge sur nos joues :
Le sang jeune, il n'aime pas ça du tout.
Mais quand on sera bien blanchis, bien morts,
On sera tous propres pour la revue du Maréchal Dieu. »

Plaque d'identité

S'il m'est arrivé de rêver que, mort, mon nom flotterait
Haut dans le cœur de Londres, bien au-dessus
Des temps et jusqu'à leur fin ; que la gloire fugitive,
Finirait par y trouver sanctuaire dans la durée,

J'ai dépassé cela. Je me souviens, honteux,
D'avoir eu un jour envie de le soustraire aux feux de
    la vie,
De le dissimuler sous ces cyprès sacrés, ceux-là mêmes
Dont l'ombre garde le silencieux repos de Keats.

Aujourd'hui, j'ai plutôt envie de remercier Dieu
De lui épargner la gravure d'une épitaphe ronflante,
De faire que ma mort ne laisse que cette plaque.
Porte-là, douce amie. N'écris ni date ni haut-fait.
Laisse ton cœur y battre baiser nuit et jour
Jusqu'à en effacer la trace même du nom.

Péanpourdesjeuneshommessacrifiés

Qu'entend-on résonner lorsqu'ils vont à l'abattoir ?
  Rien que la monstrueuse rage des canons.
  Rien que le staccato de la fusillade qui débite
En chapelet leurs oraisons précipitées.
Plus de railleries à leur égard, de prières, de glas.
  Pas d'autres voix pour célébrer leurs obsèques
Qu'une manécanterie frénétique d'obus hurleurs,
  Et des échos de clairon aux campagnes en deuil.

De quelle lumière jalonner leur dernier parcours ?
  Pas de cierges aux mains de jeunes garçons
Mais, dans leur regard, du vacillement sacré des
  adieux.
  Leur poêle aura la pâleur d'un front de petite fille ;
Leurs couronnes seront tressées de patiente tendresse
Et chaque lente soirée s'occultera derrière son rideau.

1914

La guerre est déclarée : l'hiver du monde resserre,
Noire et terrible, sa glaciation. L'abominable
   tourmente
Ancrée à Berlin fouaille l'Europe dans sa grande
   largeur,
Déchire les voiles du progrès. En lambeaux
Ou en berne, tous les pavillons de l'art.
En pleurs la poésie. C'est la disette du cœur
Et de la pensée. L'amour a goût de piquette.
Versées, les moissons de l'homme pourrissent sur pied.

Après un printemps éclos sur la Grèce précoce,
Un été glorieux qui a incendié Rome,
Un doux automne, récoltes rentrées, a laissé
Venir un grand âge, riche de tous ces apports.
Mais voici que l'hiver s'acharne et nous impose,
Pour un nouveau printemps, des semailles de sang.

APOLOGIA PRO POEMATE MEO

Moi aussi, j'ai vu Dieu dans la boue,
   La boue qu'un sourire craquelait aux joues des
      pauvres diables.
   La guerre, à leurs yeux, bien plus que sang, faisait
      gloire,
   Les secouait de rires plus fous que rires d'enfants.

Comme il faisait bon rire là-bas
   Où la mort tourne à l'absurde et la vie davantage :
   À tailler jusqu'à l'os dans les chairs, la force nous
      habitait
   D'être meurtriers sans nausée ni remords.

Moi aussi, libéré de ma peur
   Derrière le barrage, mort autant que ma section,
   Esprit largué, voile claire et légère,
   J'ai franchi le réseau piqué de tant d'espérances.

J'ai eu preuve de triomphe
   Quand, vers moi, des visages de chiens de faïence
   Se sont tournés, illuminés d'abnégation absolue,
   Anges qui passaient sur fond d'exécration.

J'ai forgé des camaraderies
  Hors des amours heureuses jadis chantées.
  Car l'amour n'est pas entre gentes lèvres
  Et œil de satin doux que l'espoir enfièvre,

Ruban de joie qui se relâche :
  Il est toron barbelé ancré profond,
  Bande serrée autour du bras qui saigne,
  Solide sangle de la bretelle du fusil.

J'ai perçu beaucoup de beauté
  Dans les bordées d'injures qui nous exhortaient ;
  Entendu la musique des gardes silencieuses ;
  Trouvé la paix où le canon tonnait tout rouge et à
    flots.

Et pourtant, à moins de partager
  Avec ces damnés les tristes ténèbres de l'enfer,
  Eux dont le monde n'est que fusée tremblante,
  Dont le ciel n'est que trajectoire d'obus,

Vous ne les entendrez pas se réjouir :
  Vous n'en viendrez pas à les croire satisfaits
  D'entendre mes plaisanteries. Ceux-là méritent
  Vos larmes. Vous ne méritez pas leur gaieté.

LES MINEURS

Il y avait dans mon âtre un murmure :
  Le charbon soupirait,
Nostalgique d'une terre
  Dont il aurait souvenir.

J'y ai entendu légendes de feuilles,
  De frondes enfouies,
De fougères arborescentes et créatures
  Chafouines d'avant les faunes.

De la vieille marmite du Temps, mon feu
  Évaporait peut-être quelques mirages
D'avant que les oiseaux nichent en été,
  Ou que les hommes procréent.

Mais le charbon évoquait sa mine,
  Les galibots à la peine sous terre,
Au sommeil tourmenté, les hommes
  Tordus par le manque d'air.

Et j'ai vu dans les scories des os blanchis,
  Des ossements innombrables.
Nombreux les corps musclés, carbonisés,
  Rares ceux qui s'en souviennent.

J'ai pensé à tous ces sapeurs dans la nuit
    De la guerre, qui sont morts
À miner le roc où la camarde affirme
    Qu'est enseveli le repos.

Les ans rassérénés auront coussin moelleux
    Dans leurs cabinets d'ambre ;
Les ans tendront les bras, réconfortés
    Par la braise de notre existence.

Les siècles brûleront de riches hottées
    Sous lesquelles nous avons gémi ;
La chaleur fermera leurs paupières pour un rêve,
    Tandis que s'entendront des berceuses ;
Leur rêve négligera ces pauvres de nous,
    Oubliés dans la terre.

La lettre

Corps expéditionnaire britannique. 10 juin.
    Chère épouse,
« Saleté d'crayon. Eh, Bill, passe-nous un couteau. »
En ce moment ça marche pour moi, ma chérie.
Je crois qu'on en verra le bout cette année.

Pas trop de gueules carrées de Boches dans le coin.
On est à l'abri et le rata n'est pas trop mauvais.
J'ai très envie de regoûter tes sacrées brioches.
« Eh, Jimmie, laisse-nous un peu de pain. »
Je ne vois plus grand chose à dire pour l'instant.
« Tu quoi ? Fous-nous la paix avec ta trouille !
Et rends-moi c'te cigarette ! »
Je serai bientôt rentré. Ne t'inquiète pas.
Mes pieds s'arrangent, comme je te l'ai déjà dit.
En ce moment on est au repos. Pas de problème.
(PATATRAS ! Sapristi, c'est pas passé loin.)
Maman pourrait se fendre d'un demi-souverain pour
   toi.
Baisers à Nell et Bert. Lorsque toi et moi
« Eh ? C'est quoi ça ! Alerte ? Alerte !
Jim, sois gentil, aide-moi pour le barda.
Nom de Dieu ! je suis touché. Accroche-toi. Ouais,
   pas beau.
Non, laisse tomber la teinture d'iode. Jim ? Présent !
Écris à ma bourgeoise, Jim, tu seras gentil. »

Conscient

Ses doigts s'éveillent, bougent un peu ; en haut du lit.
Ses yeux s'ouvrent dans un effort de volonté,
Aidés par les coucous jaunes à son chevet.
Le cordon du store traînasse sur le rebord de la
*   fenêtre…*
Comme est lisse le sol de l'hôpital ! Quelle couverture !
Qui parle quelque part et qu'on ne voit pas ?
Trois mouches cheminent sur la cruche brillante…
« Infirmière ! Docteur ! – Oui, oui, on vient. »

Mais un soir tombe, embrume, embrouille l'air.
Ce n'est jamais le moment pour un verre d'eau.
L'infirmière semble être si loin. Ici et là,
Musique et roses éclatent en massacre vermeil.
Impossible de se rappeler où il a vu du ciel bleu…
La tranchée rétrécit. Froid, il a froid ; et trop chaud
*   pourtant.*
Pas assez clair pour voir d'où les voix…
Pas le moment de réclamer… il ne sait pas quoi.

DULCE ET DECORUM EST

Tels de vieux clochards pliés en deux sous leur barda,
Cagneux, carabosses, catarrheux, on peste dans la
bouillasse,
Et finit par faire demi-tour dans la fantasmagorie des
fusées :
On en a plein les bottes et repart au repos à distance.
Les soldats dorment debout. Beaucoup, sans godillots,
Traînent la patte, les pieds en sang. Tout le monde
boite.
Tout le monde est aveugle, ivre de fatigue, sourd même
Aux 150 essoufflés qui nous hululent au train, trop
courts.

Gaz ! Alerte aux GAZ ! Magnez-vous ! Tout le monde
s'affole,
Arrive à mettre ces saletés de masques juste à temps,
Sauf un qui braille, patauge et bronche comme s'il était
Sur des charbons ou de la chaux vive… À travers
La buée, dans cette purée glauque je l'ai vu,
En flamme pâle sous une vague verte, se noyer.

Dans tous mes rêves, impuissant, je le revois
Pencher vers moi, flancher, s'asphyxier, se noyer.
Si des cauchemars vous faisaient, vous aussi,
Marcher derrière le fardier sur lequel on l'a jeté,
Si vous voyiez son visage aux yeux blancs qui se
    révulsent,
Son visage abattu de démon écœuré du péché,
Si vous entendiez, à chaque cahot, gargouiller
Le sang qui lui sort de poumons réduits en bouillie,
Horrible comme un chancre, amer comme ruminés
Sur des langues innocentes d'immondes et incurables
    ulcères,
Ô mon amie, vous ne serviriez pas avec tant
    d'enthousiasme,
À des enfants désespérément avides de gloriole,
Ce mensonge éculé : Dulce et decorum est
Pro patria mori.

LE BOUT DU ROULEAU

Il s'effondre : refus d'avancer plus que lassitude,
Comme ivre-mort, lourd comme un quartier de viande.
Pas moyen de le faire se relever à coups de pied.
Juste un regard de merlan frit sur mon revolver.
Il ne semble ni se rendre compte qu'il y a une guerre,
Ni voir la tranchée éventrée qu'il fixe des yeux.
« J'vais m'les faire, gémit-il, si ma main n'a rien,
J'vais leur régler leur compte, ça oui. »

> *Tout bas, quelqu'un fait :*
« P'têt qu'y s'voit rapatrié ; il a plus rien dans les tripes,
À force de rêver à tous ces héros, qui vivent encore, eux,
À ces bravaches au sourire de ministre
Ou pt'êt à sa jeune et bonne épouse, au bon temps
Qu'elle prend sous un autre toit, plus confortable.
C'est pas les macchabées qui l'ont déjanté, pas les
  Boches. »

On a fini par l'évacuer, pour s'en débarrasser.
Pas blessé ; et puis, c'était du costaud, avant que ça
    cogne.
Tire-au-flanc ? Coup d'œil des brancardiers : « Pas
    qu'un peu ! »

Le lendemain j'ai entendu le rire du docteur, gras de
    whisky :
« Votre saleté d'hier soir n'a pas fait long feu.
    Hourrah ! »

NI CHAUD NI FROID

Heureux ceux à qui leur mort prochaine
Ne fait ni chaud ni froid,
Qui ne sont la risée d'aucune compassion,
N'attrapent aucune ampoule
À fouler les dalles de leurs frères.
Le front dépérit.
Mais ce sont des soldats qui crèvent, pas des fleurs
Pour poètes de chaumière.
Les soldats : des brèches à combler.
Les morts : ils auraient pu combattre
Plus longtemps. Ni chaud ni froid.

Certains ne savent même plus qu'ils existent,
Ont perdu toute notion d'eux-mêmes.
L'hébétude résout mieux
La lancinante incertitude des bombardements,
Et l'étrange arithmétique des probabilités
Leur parle plus que le décompte de leur prime.
Ils ne tiennent pas le bilan des armées que l'on décime.

Heureux ceux qui cessent d'imaginer :
Le poids des munitions leur suffit.
Leur esprit ne se coltine aucun barda.
Seul le froid peut raviver leurs vieilles blessures.
Ayant vu le rouge mis sur tout,
Leurs yeux n'ont plus jamais mal
Devant la couleur du sang.
Après la première angoisse de la terreur
Leur cœur ne s'est pas regonflé.
Leurs sens, comme cautérisés depuis longtemps
Par le fer et le feu de la bataille,
Peuvent rire au milieu des agonisants : ils restent froids.

Heureux le soldat au foyer, qui a oublié
Que quelque part à l'aube, chaque jour, des soldats
*   attaquent,*
Taris de bien des soupirs.
Heureux le jeune gars dont l'esprit n'est pas formé :
Il vaut mieux oublier sa jeunesse que s'en souvenir.
Il chante tout au long de la colonne
Que nous formons, taciturnes car le soir tombe :
Longue, désolée, implacable descente
D'un journée démesurée dans une nuit plus immense.

Nous les blasés qui, à penser, maculons
De sang notre âme tout entière,
Quel regard nous faut-il porter sur notre tâche,
Si ce n'est le sien, obtus et nu ?
Vivant, mais pas tellement ;
Mourant, mais pas tant que ça ;
Ni triste ni fier,
Sans la moindre curiosité,
Incapable de distinguer
La placidité des vieux de la sienne.

Sonnet

À la vue d'une pièce de notre artillerie lourde mise
en batterie.

Que lente soit ton érection, toi long tube noir,
Lourd canon pointé sur le ciel, prêt à fulminer ;
Dresse-toi contre eux tous azimuts, réitère
Tes dévastatrices imprécations des années durant !
Châtie cette arrogance qui n'attend que ton bras armé ;
Terrasse-la avant qu'elle ne pèche plus encore.
Canon, répands notre colère ; oui, dissipe
Notre or en formes de feu, notre souffle en tempête.

Pourtant, pour l'amour des innocents de toute hostilité
Que desséchera l'ampleur de ta malédiction,
Ne viens pas, oh ! bras des ténèbres, après le ravage,
Te retirer au sein de notre protectrice prospérité.
Mais, une fois épuisé ton plein sac à malices,
Que Dieu te maudisse, t'extirpe de notre âme !

Endormi

Sous son casque, adossé à son paquetage,
Après tant de jours à trimer sans dormir,
Le sommeil l'a pris au front et l'a terrassé.

Alors, libéré du temps, dans sa béate torpeur,
La mort l'a pris au cœur. La vie avortée en lui
S'est soulevée en hoquet. Après le soubresaut,
Flasques, poitrine et bras endormis sont retombés.

Bientôt, lente comme une colonne de fourmis,
La fuite du sang a suivi l'effraction du plomb.
Passe-t-il son grand sommeil à l'ombre d'un battement
De nobles ailes, des pensées qui ont accroché les étoiles,
La tête sur les hauts et calmes coussins, oreillers de
    Dieu,
Au-dessus de ces nuages, ces pluies, ces grêles de balles,
Et du cimeterre de ces vents,
Ou bien, hâve et gorgée d'eau, sa tête, au contraire,

Se fond-elle de plus en plus dans l'humus d'ici-bas,
Ses cheveux se mêlent-ils à l'herbe grise
Des champs péris, aux torons mangés de rouille,
À quoi bon le savoir, espérer, s'en préoccuper ? Passons !
Il dort. Son sommeil est moins agité, moins froid
Que celui que, désespérés, nous quittons au réveil.

LA FIN

Après que de l'est sont montés déluge de foudre,
    Panaches de tonnerre et Char de Yahvé,
Après que les tambours du temps ont cessé de
    rouler,
    Et qu'à l'ouest l'airain a sonné la longue retraite,
Y aura-t-il renouveau de vie pour ces corps ? D'une
    vérité
    Toute mort sera-t-elle annulée, toute larme séchée ?
De jeunesse à nouveau ces veines vides se rempliront-
    elles,
    Y aura-t-il eau immortelle et lustrale pour les ans ?

Interrogé, le temps chenu me dit qu'il n'en sait rien :
    « Ma tête ploie sous un fardeau de neige. »
Et la terre, quand je lui prête l'oreille déclare :
    « Mon cœur en feu se resserre de douleur. C'est la
      mort. »
Pas plus mes cicatrices immémoriales ne seront
    glorifiées
    Qu'asséchées les mers, mes titanesques pleurs.

S.I.W.

Self-Inflicted Wound : balle ou coup de baïonnette
dans le pied, mutilation infligée en désespoir de
cause pour échapper aux horreurs du front.

I Prologue

Lors des embrassades d'adieu, ils ont certainement dit
Au garçon de toujours faire brave figure face au Boche.
Le père aimerait mieux le voir mort que déshonoré,
Était fier de le voir partir, pour sûr, et très heureux.
La mère a peut-être pleurniché qu'elle ne serait
    rassurée
Que lorsqu'il reviendrait soigner une blessure pas trop
    gràve.
Les sœurs ont regretté qu'une fille ne puisse tirer,
    charger, ou jurer…
Les frères lui enverraient ses cigarettes préférées.
Chaque semaine, mois après mois, même lettre, même
    chose,
Le souhaitant planqué dans un foyer de l'arrière,
Parce qu'il l'avait dit dans une lettre écrite sur sa
    crosse
Là où une balle ratait sa cible une fois dans l'heure.
La cible ratée lui taraudait la cervelle autant qu'une
    faim.

Ses yeux n'en pouvaient plus de cligner, sa main
Endolorie n'obéissait plus. Son courage fuyait comme coulait
Le sable des meilleurs sacs après des années de pluie.
Si jamais permission, blessure, fièvre, pied pourri,
N'avaient tiré le malheureux du piège, la mort, elle, semblait
Résolue à l'abandonner à la machine à bombarder,
Sous la torture des grands de ce monde devenu fous.
Il avait vu des gars se tirer dans la main, la nuit, en patrouille.
Leur famille l'ignorait. Mais il leur restait la honte.
« La mort, plutôt que le déshonneur, bravo ! »
Papa l'avait dit.

    II Combat
        À l'aube, nos gars aux barbelés
L'ont ramené. Cette fois, la mort avait fait mouche.
Rien d'autre à faire que d'éponger le sang qu'il toussait.
Accident peut-être ? Un fusil ça part tout seul…
Tireur d'élite ? Non. (La balle, trouvée plus tard, était anglaise.)

III Poème

Son âme a craqué, logiquement,
Face à un avenir d'esclavage programmé,
Face au mur de terre, barbelé, infrangible, aveugle,
Drapé de feu, sous un dais de feu rampant,
D'un feu lent et dévorant qui, sans le brûler tout entier,
Le laissait ouvert aux promesses d'une mort narquoise,
Aux demi-promesses de la vie, intolérables l'une autant
    que l'autre.

IV Épilogue

Ils l'ont enterré avec le canon qu'avaient baisé ses dents,
Ont écrit la vérité à sa mère : « Tim est mort le sourire
    aux lèvres. »

La sentinelle

Nous étions tombés sur une vieille cagna boche :
Il avait compris, il nous a engueulés, à cause des
    chapelets d'obus
Qui percutaient la voûte sans vraiment la percer.
La pluie, en cascades de fange, nous envasait
Jusqu'à la taille, plus haut d'heure en heure ;
Impossible de monter les marches engluées d'argile.
Le restant d'air pourri puait le vieux, la fumée âcre
Des tirs rapides, trois ans d'occupation humaine,
Dont il restait dans cet antre sinon les cadavres,
Du moins la malédiction…

               On s'y serrait sous les tirs rapides
Jusqu'à ce qu'un obus finisse par trouver l'entrée,
Nous gifle le souffle et les yeux, éteigne les bougies.
Boum, vlan, boum. Dans un déluge boueux,
Ça cogne et dégringole dans l'escalier. C'est
Le corps de la sentinelle, son fusil, de vieux manches
De grenades boches, paquet après paquet de boue.
On l'en sort, on le croit mort, mais voilà qu'il gémit
« Oh, mon lieutenant, mes yeux, je suis aveugle,
    aveugle, aveugle ! »
Je lui approche une bougie des paupières et lui glisse,
    rassurant,

Que s'il arrive à voir ne serait-ce qu'une lueur
C'est qu'il n'est pas aveugle et que ça se passera un jour.
« Rien » sanglote-t-il. Des yeux de poulpe, exorbités,
Énormes, regardent encore mes rêves. Mais, là-bas, je
    l'ai oublié :
J'ai posté une autre sentinelle, envoyé un éclaireur
Essayer de trouver un brancardier, pataugé
Vers d'autres postes sous les hurlements de l'air déchiré.

Ces autres pauvres types, qui saignaient, vomissaient,
Et celui qui voulait se noyer pour en finir,
J'essaye de ne plus penser à ça, maintenant,
Bien qu'une seule chose m'obsède : c'est, après avoir pris
À la légère les plaintes et soubresauts de cette sentinelle,
Le claquement frénétique de ses dents brisées
Que ravivait, plus atroce encore, chaque pruneau
Qui martelait le toit, ébranlait la bulle d'air en-dessous,
Dans le vacarme à couper au couteau, oui, c'est
    d'entendre le gars crier
« Je vois vos lumières ! » Les nôtres étaient éteintes
depuis longtemps.

L'inconnu rencontré

Comme fuyant la bataille, j'ai descendu un tunnel
De granit, profond, gris, foré dans la nuit
Des temps par des guerres titanesques.
Là aussi gémissaient des dormeurs trop encombrés
Par leurs pensées ou leur mort pour être réveillés.
Je m'y suis employé : l'un d'eux s'est dressé,
Regard fixe, reconnaissant à en faire pitié,
Mains impuissantes en simulacre de bénédiction.
À son sourire, j'ai reconnu ces sombres voûtes,
À son sourire de mort, j'ai reconnu l'Enfer.
Ce visage d'apparition se veinait de mille douleurs,
Mais aucun sang de là-haut n'y coulait,
Aucun canon ne tonnait, ne gémissait dans les
    cheminées.
« Ami inconnu, tu n'as pas lieu de t'affliger » lui ai-je
    dit.
Et lui de répondre : « Certes, mais il y a les années
Perdues, l'espoir disparu. Quoi que tu puisses espérer
Était aussi ma vie : j'étais ce chasseur fou
Qui traquait la plus folle beauté du monde,
Pas celle, sage, d'un regard, d'une tresse de cheveux,
Mais celle qui se rit de l'heure imperturbable qui
    passe,

Et dont la peine outrepasse notre peine.
Ma joie en a pu en dérider beaucoup,
Et si de mes larmes versées quelque chose perdure,
Cela doit mourir maintenant. Je pense à la vérité à
    dire,
Au malheur de la guerre, au malheur essentiel de la
    guerre. »

Nowell Oxland 1890-1915

Originaire du Pays des Lacs. Débarque à Suvla Bay
(Gallipoli). Tué deux jours après, le 9 août 1915.

En partance

Je laisse au pays une cascade
Qui se brise en écume sur les rochers ;
Je garde au cœur un petit lac
Près de l'endroit où niche le merle d'eau.
C'est là-bas que je me vois étendu
Tout près d'une touffe de bruyère,
Quand trille le timide courlis
Dans les solitudes du Pays des Lacs.

Tandis que s'active le quart de minuit,
Je me prends à penser à d'autres jours,
J'entends la rivière chanter
Comme les élus du paradis ;
Je vois l'eau cligner de l'œil
Comme ce vieux farceur de Pan,
Et la perche paresseuse plonger
Près de l'arche du pont de granit.

Ah ! m'y retrouver revigoré
Par les vents si chers au sortir
De la coulée d'ambre limpide
Sous sa coiffe de brume au matin,
Voir dans la déchirure des nuages
Rouler, en volumes enluminés,
Une houle de crêtes et de creux,
Jusqu'aux confins du monde.

Voici que la fatigue endort les veilleurs,
Que barattent les énormes hélices,
Que se fondent les fanaux du port
Dans le néant par l'arrière,
Que s'éveille la sentinelle fascinée
Par les triangles de lumière qui s'abîment
Dans le clapot qui vient lécher
Nos escorteurs dans le noir.

Grand est le bonheur de ceux qui voient
De leurs yeux point encore aveuglés
Les parents qui leur ont donné vie,
Le soleil et la terre qui les ont fait grandir,
Meurent et sentent se ranimer leurs braises
D'année en année quand vient l'été,
Quand les joncs des marais s'étoffent
Sur les collines qu'ils aimaient gravir.

Serons-nous aussi tels qu'ils le sont,
Mélangés à notre glaise-mère,
Peut-être aussi sans renaître ?
Qui le sait, qui le dira ?
Et pourtant nous espérons du fond
Du cœur de notre père Pan velu,
Alors que la terre s'épanouit,
Enrichie de l'humus de l'homme,

–Péris sous le fer des Dieux tout là-haut,
Ne venant pas de là où nous allons,
Comme en vint jadis l'hôte de Ménélas–
Que pourtant ce même vent,
Du même point de départ, nous portera
Par delà le Golfe de Saros,
Par dessus les pics de Samothrace.

Nous passerons dans l'air de l'été,
Nous arriverons quand finira le jour,
Quand les rochers ensemble se dresseront
Et quand règneront les créatures du silence.

Mêlés au nuage, au vent, à l'eau, nous serons,
Par le soleil, distillés en pluie et rosée,
Réunis à jamais à ce Pays des Lacs,
Que jamais plus nous ne quitterons.

Robert Palmer   1888-1916

Tué lors de l'attaque d'une position turque à Umm
El Hannah, dans la vallée du Tigre, le 21 janvier 1916.
Sonnet inclus dans une lettre à son père datée du
4 septembre 1915.

Combien de temps encore, Ô Seigneur?

Combien de temps encore, Ô Seigneur, avant
Que du carnage cesse la rouge éruption ?
Des plats cloaques de l'est et de l'ouest, le sang
Monte en plaques de haine, pollution
De l'air que Tu créas pur. De grandes nations,
Dont l'art a donné au monde entier l'espoir
D'un Paradis, ont avili leur réputation,
Touché le fond d'une férocité de barbare,
Et du massacre par les leurs perpétré tirent gloire,
Méprisant amour et pitié. Combien de temps encore,
Ô Seigneur, Satan conduira-t-il à l'abattoir
Des aveugles armés par les puissants et leur fureur ?
Oh, touche le cœur de Tes enfants, apprends-leur
Que la haine est leur pire ennemi, l'orgueil le plus noir.

Isaac Rosenberg   1890-1918

Fils de réfugiés lituaniens. Artiste. Engagé,
simple soldat, mort à Bullecourt (Pas-de-Calais)
le 1 avril 1918.

L'agonie du soldat

Il gémit : « C'est des maisons...
À ma portée... mais la cervelle flanche. »
Leur foudre et leur tonnerre se déclenchent,
La terre en tremble jusqu'à l'horizon.

Il étouffe : « C'est des positions d'artillerie...
C'est nos gars qui font leur boulot...
J'ai soif ! ... À boire ! ... À boire, oh !
Pour un Anglais qui meurt pour sa patrie. »

« Même si toute l'Angleterre était à l'agonie,
On n'a pas la moindre goutte d'eau. »
« J'ai soif ! ... À boire ! ... À boire, oh ! »
Il gémit, perd connaissance, c'est fini.

LA CHASSE AUX POUX

Les poux faisaient partie de la réalité quotidienne
des tranchées où aucune hygiène de vie n'était
évidemment possible.

Des NUS : les Adam luisent de sueur
Et, chœur obscène, s'égosillent. Grimaces,
Gesticulations furieuses,
Bal des ardents sur la terre battue.
Pour une chemise grouillant de vermine
Que ce soldat s'arrache du cou, jurant
À en faire peur à Dieu, mais pas aux poux.
La chandelle met le feu à la chemise
Pendant que nous sommes couchés.

Nous voilà tous debout, à poil,
À pourchasser la gent parasite.
Et bientôt dans la carrée se déchaîne
Une sarabande d'énergumènes.
Voyez ces silhouettes béantes,
Voyez ces ombres qui baragouinent
Dans la mêlée des bras sur les parois.

Voyez des griffes gargantuesques
Tenailler la chair des chairs
Pour écrabouiller la bestiole des bestioles.
Voyez cette gigue folle, ce sabbat
Par quelque engeance sorcière
Évoqué, alors que dans le silence déjà
Nos oreilles s'endormaient
Au son de la noire
Trompe de Morphée.

Petit jour dans les tranchées

Entre les soldats et les hordes de rats qui infestaient
le vase réseau de tranchées et avaient libre accès au
no man's land, c'était *à tue et à toi*. Voir aussi *L'Iliade* :
VIII 306-308.

La nuit noire se désagrège.
Potron-minet : l'heure des druides, comme toujours.
Voici qu'une vie me saute par-dessus la main
—C'est un drôle de rat sardonique—
Quand je cueille le coquelicot du merlon
Pour me le mettre à l'oreille.
Farceur de rat, ils te flingueraient s'ils savaient
Que tu manges à tous les râteliers.
Après la main anglaise que tu viens de toucher
Ce sera une allemande
Bientôt, sans doute, si cela te dit
De traverser les herbes qui dorment entre nous.
Tu as l'air de rire sous cape quand tu passes
En revue regards sûrs, beaux corps, athlètes superbes
Moins à même que toi de survivre,
Soumis aux caprices du meurtre,
Qui jonchent les boyaux de la terre,
Les champs de la France éventrée.

Que vois-tu dans notre regard
Quand hurlent fer et feu
Qui déchirent le calme des cieux ?
Quel tressaut, quel cœur sidéré ?
Les coquelicots en veines d'homme enracinés
Ont la tête basse, toujours penchée.
Mais, à mon oreille, le mien va :
Il n'est qu'un peu blanc de craie.

AU REÇU DES NOUVELLES DE LA GUERRE

Neige est un mot blanc et bizarre.
Ni glace ni givre
À bouton ou oiseau n'ont demandé
Des comptes sur l'hiver.

Pourtant, glace et givre et neige,
De la terre jusqu'au ciel,
Cet été s'imposent à la terre.
Nul ne sait pourquoi.

Et dans le cœur de tous les hommes.
Quelque esprit d'antan
D'un baiser maléfique
A changé nos vies en humus.

Des crocs rouges ont labouré Son visage.
Le sang de Dieu est versé.
De Sa solitude, il pleure
Ses enfants morts.

Ô immémorial et pourpre fléau,
Ronge et consume,
Rends à notre univers
Son incarnat premier !

Siegfried Sassoon 1886-1967

S'engage dès le début de la guerre. Perd son frère à Gallipoli. Sur le front de la Somme, il rencontre Wilfred Owen dont il publiera l'œuvre après la guerre.

Mort de ses blessures

Plus que plaintes et soupirs, la sueur sur son visage
  blanc
Et son regard plein de détresse attirent les infirmières :
Mais rauque et basse, tantôt forte, tantôt faible
On entend sa voix meurtrie : il a bien fait le boulot.

L'hôpital s'assombrit ; mais lui n'arrête pas de gémir,
De crier « Dickie » ; « Saloperie de Bois !
Il faut y aller. Ô Jésus, ça sert à quoi ?
On ne le prendra jamais et ça n'arrête pas de pleuvoir. »

Je me demande où c'était ; je l'entends qui crie :
« Ça canarde sec ! Ô, Dickie, n'y va pas. » …
Je m'endors … Le lendemain matin il est mort.
Dans le lit : un « Blessure Légère » au sourire.

TOUR DE TRANCHÉE

Tiré du sommeil, engourdi, à demi éveillé,
Dans la tranchée pour trois heures de garde
À patauger, à m'éclabousser de bouillasse, voici
Que j'entends par bribes le rogomme des soldats
Tapis dans les sapes d'où filtre une lueur de chandelle.

Écoutez ! ça marmite sec sur notre droite,
Ça gronde et ça tonne ; le noir illumine d'éclats
D'horreur la zone de notre coup de main
Contre les Boches ; les gars attendent, figés, transis,
Ou progressent à plat ventre dans les barbelés.
« Quoi ? Les brancardiers ? Il y a un mort ? »
Il y a cinq minutes j'ai entendu tirer :
Pour quelle raison ? ... Ça brille là-haut :
Des étoiles mortes. Je suis bien réveillé : on a un mort.

LE GÉNÉRAL

« *Bonjour, bonjour !* » *a fait le Général,*
Croisé la semaine dernière alors que nous montions
  en ligne.
Aujourd'hui, la plupart sont morts de ceux qui l'ont
  vu sourire
Et nous traitons de porcs les ganaches de son état-
  major.
« *Ça marche pour ce vieux rigolo* » *a grogné Pierre à*
  Paul,
Fantassins en route pour Arras avec fusil et barda.

Son plan d'attaque a bien marché pour eux deux.

LA CAGNA

Pourquoi es-tu si mal couché en chien de fusil,
Ramassé, bras replié sur un visage fermé,
Froid et fourbu ? J'en ai mal au cœur de te voir
Plongé dans l'ombre par l'or de la bougie qui flanche.
Tu te demandes pourquoi je te secoue l'épaule ;
Assoupi, tu bougonnes, soupires et détournes la tête…
Tu es trop jeune pour le grand sommeil,
Et quand tu dors, tu me rappelles les morts.

À TEL OU TEL OFFICIER, MORT

Alors, au ciel, là-haut, c'est comment ? J'aimerais
 Te l'entendre dire, savoir que tout va bien pour toi.
Dis-moi, y as-tu trouvé le jour perpétuel
 Ou est-ce l'abîme éternel de la nuit ?
C'est que, les yeux fermés, je revois ton visage
 Et retrouve tes bonnes vieilles vannes ;
Je peux te reconstituer dans ma tête
 Même si tu es parti en patrouille de nuit.

Tu détestais les tours de tranchée, n'avais d'autre fierté
 Que celle d'avoir des années de bonne vie devant toi ;
D'autre envie que rentrer au pays, d'y retrouver
 l'insouciance
 De ceux qui œuvrent en paix, dans l'amitié du
 Temps.
Tout ça, c'est balayé. Tu as franchi la ligne des barbelés,
 Le monde n'a plus de retour à plat ventre dans sa
 hotte ;
Ton compte a été réglé par les mitrailleuses :
 Un assaut imbécile t'a cloué au sol.

Je m'étais toujours un peu dit que tu te ferais avoir,
Tellement tu avais cette folle envie de vivre.
Tu n'avais de cesse que de tout faire pour sauver ta
peau,
Tu savais très bien combien le monde avait à te
donner.
Tu plaisantais sur les obus et cultivais le jargon maison.
Tu t'en tenais à ton sale boulot, que tu faisais bien,
Tu lançais des « Sacré bon sang ! ça finira bien quand
même un jour ?
Trois ans … L'enfer, tant qu'on ne les enfonce pas. »

Alors quand j'ai appris que tu étais mort présumé
Je n'ai pas marché, j'ai senti que c'était pour de bon.
La semaine d'après, la sanglante liste des Morts pour
la Patrie
T'a mentionné « Blessé, porté disparu. » (C'est
toujours comme ça
Quand on laisse des gars crever à petit feu dans les
trous d'obus,
Sans rien qu'un ciel mort et des blessures qui font mal,
À implorer qu'on leur donne à boire jusqu'à ce qu'ils
s'aperçoivent
Qu'il fait nuit et que ça ne vaut pas le coup de se
réveiller !)

Au revoir mon vieux ! Parle de moi au Bon Dieu,
  Et dis-lui que nos politiciens jurent
Qu'ils ne cèderont pas tant que le talon de l'Angleterre
  N'aura pas écrasé la botte prussienne… Y es-tu ?…
Oui… et on a encore pour au moins deux ans de
  guerre ;
    Mais on a des hommes à la pelle… Les larmes
      m'aveuglent,
À force de scruter la nuit. Adieu à toi !
  J'aurais préféré qu'ils te tuent en y mettant les
    formes.

Prélude : les hommes

Terne, l'obscurité informe se dissipe peu à peu,
Frissonne, passe au crachin et découvre un petit jour
De pauvres bougres qui donnent du godillot trempé
Et tournent vers le ciel des visages creux, défaits,
Abattus. Après avoir vaincu la désespérance ressassée
De la nuit, il leur faut maintenant, sous l'armistice de
*   l'aube,*
Reprendre le collier de misère et le massacre
Des heures blêmes qui cherchent la paix en aveugles.

Ces soldats, qui pourtant s'obstinent et s'agrippent
À la vie, sont capables de sourire quand rage la mort,
De trouver la brèche dans le cruel lacis barbelé
De ses défenses ; ils quittent l'abri et la joie d'une
*   verdure*
De halliers que chantent les oiseaux pour ce pays
Où tout est ruine, où rien ne fleurit que le ciel pressé,
Tout là-haut, où ils sont exposés aux fumées qui
*   montent*
D'horizons plats et tristes, aux exhalaisons des bois,
Aux tranchées croulantes qui échangent des salves de
*   mort.*

Ô, braves camarades kaki, lorsque en silence s'envolent
Vos âmes, lorsque les morts aux yeux perdus font la
*   honte*
Du monstre sauvage déchaîné sur la ligne de crête,
La mort viendra porter le deuil sur ce champ de guerre
Puisque y a péri votre intrépidité à toute épreuve !
Et, sous la lune, défileront dans quelque Walhalla,
Bataillons après bataillons marqués au feu de l'enfer,
L'armée de la jeunesse qui jamais ne reviendra,
Les légions de victimes réduites en poussière.

CHACUN A CHANTÉ

Chacun, tout à coup, s'est mis à chanter.
Une joie m'est venue que doivent éprouver
Ces oiseaux prisonniers rendus à la liberté
Qui, à tire-d'aile par blancs vergers et verdoyantes
Campagnes, filent, s'en vont et disparaissent.

La voix de chacun, tout à coup, a pris son essor.
La beauté nous est venue tel un coucher de soleil.
Les larmes m'ont ébranlé le cœur, l'horreur
S'est dissipée… Oiseaux, nous l'étions tous ;
Sans paroles, la chanson ne sera jamais chantée.

Douze mois plus tard

Bonjour ! Voici ma section, mes gars de l'année
   dernière.
« La guerre va bientôt finir. »
   « Ya d'l'espoir ? »
      « Tu parles ! »
Puis : « Section Sept, Garde à vous ! Tous présents à
   l'appel. »
Ils sont là sous le soleil, bien droits, immobiles.
Le jeune Gibson et son sourire ; Morgan, fatigué, tout
   blanc ;
Jordan qui, un de ces soirs, va décrocher une citation ;
Hughes, l'as du barbelé ; et Davies (classe 1900)
Qui ne peut s'empêcher de canarder les positions
   boches.

*

« Les vieux de la classe ne meurent jamais ; ils ne font
   que passer ! »
Voilà ce qu'ils chantaient sur les routes au printemps
   dernier ;
Voilà ce qu'ils racontaient avant le début de l'offensive ;
Voilà où ils en sont aujourd'hui, fauchés comme un
   seul homme.

Corvée de Quartier Général

Si j'avais hargne, souffle court et poil rare,
    Je serais au Q.G., paré comme un homard.
J'enverrais à la mort des héros malgré eux.
    Vous me verriez, congestionné, coléreux,
Ivrogne, m'empiffrer dans le meilleur hôtel,
    L'œil sur les Morts pour la Patrie. « Le pauvre gars,

Ajouterais-je, je connaissais bien son père ;
    Oui, elle nous a coûté gros cette affaire-là. »
Et, massacrée la jeunesse, finie la guerre,
    Je reviendrais mourir, peinard, dans la dentelle.

Alan Seeger 1888-1916

Étudiant américain. S'engage dans la Légion
Étrangère à Paris dès le début des hostilités.
Combat au Chemin des Dames et trouve la mort
le 4 juillet 1916 à Belloy-en-Santerre. Le collège de
Vailly-sur-Aisne porte son nom. La cloche de Belloy,
remplacée après chacune des deux guerres, est un
don de ses parents.

Le rendez-vous

J'ai rendez-vous avec la mort
À l'assaut de quelque barricade
Quand reviendra chatoyer le printemps,
Quand l'air sera plein de pommiers en fleurs.
J'ai rendez-vous avec la mort
Quand le printemps ramènera le bleu des beaux jours.

Peut-être me mènera-t-elle par la main
Dans son pays de ténèbres, me fermera-t-elle
Les yeux, éteindra-t-elle mon souffle ?
Peut-être aussi ferai-je faux bond.

J'ai rendez-vous avec la mort
Sur un coteau déchiré par la guerre,
Quand cette année reverra le printemps
Et que sortiront les premières fleurs des champs.

Dieu sait qu'il vaudrait mieux être au creux
De soies douillettes et de duvet parfumé,
Où palpite l'amour dans un sommeil heureux,
Veine contre veine et souffle contre souffle,
Où il est doux de s'éveiller à voix basse…
Mais j'ai rendez-vous avec la mort
À minuit dans quelque ville en flammes
Où le printemps léger gagne le nord cette année,
Et où, mon engagement honoré,
Je serai au rendez-vous.

Patrick Shaw-Stewart   1888-1917

Participe à l'expédition de Gallipoli. Tombe dans le
Pas-de-Calais le 30 décembre 1917. Ce célèbrissime
poème a été écrit face au site de Troie.

Sans titre

J'ai vu un soldat, ce matin,
    Qui n'avait aucune envie de mourir :
Quant à moi, je ne suis pas certain
    De pouvoir le contredire.

Le jour était en beauté, ce matin,
    Sur les Dardanelles et leur terre ;
Son souffle était doux, ses joues de satin
    Froides d'un froid de fruit de mer.

Mais d'autres conques m'invitent
    Sur cette rive égéenne,
Bourrées de mitraille et de mélinite :
    Les marmites de Géhenne.

Damnées soient nefs et capitales,
Damnés les hommes comme moi ;
Ô seconde Hélène, belle et fatale,
Quel destin m'attache donc à toi ?

Achille est venu en terre de Troie,
J'ai débarqué en Chersonèse :
Il y a sacrifié son courroux au combat,
Je n'y ai pris que trois journées d'aise.

Ô Achille, est-ce si dur, la mort ?
Est-il si difficile de périr ?
Toi, tu le sais, moi, je l'ignore
Et ne peux que m'en réjouir.

Imbros ne sera plus mon île :
Ce matin, je reprends la mer ;
Tiens la tranchée, Ô Achille
Au chef de flamme et, pour moi, vocifère.

CHARLES SORLEY 1895-1915

S'engage dès le début de la guerre. Disparaît au combat près de Loos-en-Gohelle (Pas-de-Calais) le 13 octobre 1915.

DE VALLÉES EN COLLINES

De vallées en collines,
La terre éclot en chansons,
Et ceux qui les chantent
Montent peut-être à la mort.
Ô colonnes de soldats, chantez
À en faire retentir les vallées.
Confiez votre allégresse à la terre,
Tirez-en joie, tandis que vous dormirez !

Oubliez regrets et remords,
Pensez au but à atteindre !
Les petits vivent, les grands passent.
Jésus le Christ et Barabbas
Sont saisis le même jour.
Le premier meurt, le second repart.
Chantez la joie à pleine poitrine,
Sachez que vous montez à la mort.

Soyez sûrs que la terre se fécondera
Des flots d'allégresse que vous versez.

La terre qui ne doute, n'a peur de rien,
La terre qui connaît la mort, ignore les larmes,
La terre qui a donné sans peine ni tristesse
La ciguë de Socrate,
La terre qui a fleuri et s'est réjouie
Sous la croix qui fut celle du Christ,
Se réjouira et fleurira aussi
Quand le plomb vous atteindra.
Or donc, colonnes de soldats
Qui montez à la mort, chantez !
Ondoyez la terre de votre allégresse,
Que votre mort soit une fête !

De vallées en collines la terre
Se fait l'écho de votre liesse ;
Pas cadencés, chansons de marche
Résonnent tout au long de la route ;
Le chant tout entier de ce départ,
Lancé haut et fort, allègre et sonore,
S'entendra encore sur la terre, lorsque le pied
N'ira plus, lorsque la voix se taira.

Allez soldats en marche, allez
Aux portes de la mort en chantant !
Semez votre allégresse pour que la récolte la terre,
Et vous irez joyeux, même dans le sommeil !
Jonchez de votre allégresse le lit de la terre,
Tirez-en liesse, et mourez !

S'engage en juin 1915 malgré son âge.
Tombe dans le secteur d'Arras le 9 avril 1917.

LARMES

On dirait que je n'ai plus de larmes. Elles auraient dû
tomber
– Leurs spectres, si les larmes ont des fantômes, sont
tombés – le jour
Où vingt chiens de chasse m'ont dépassé, toujours en
meute
Et tous encore animés d'une même et joyeuse ardeur,
Rabattus sur les voies, faisant corps, tel un grand
dragon
Sur le Pré Fleuri qui tourne vers le soleil
Et jadis donnait du houblon : et cet autre jour aussi
Lorsque j'ai quitté ma Tour aux deux ombres
Par un matin d'avril, tout remué, tout suave,
Tout chaud. Régnaient alors silence et solitude étrange.
Un sortilège, le plus puissant que recèle la Tour
Tenait la cour. C'était la relève de la garde,
Les soldats en rangs étaient de jeunes paysans anglais,
Cheveux pâles, teint fleuri, tunique blanche. Fifres

Et tambours jouaient Les Grenadiers Britanniques.
Les soldats, tandis que la musique pénétrait cette
    solitude
Et ce silence, m'ont révélé des vérités que je
    n'imaginais pas,
Que j'ai oubliées depuis qu'en est fanée la beauté.

SIMPLE SOLDAT

Ce gars des champs mort au combat dormait à la belle
    étoile
Bien souvent dans la nuit glaciale et, enjoué,
Aux buveurs rassis, couveurs de lit et autres fâcheux,
Répondait : « C'est À l'Aubépine, chez Madame
    Vertpré
Que j'ai dormi. » Nul ne connaissait le buisson.
    Au-dessus du bourg,
Plus loin qu'Au Bouvier, il y en a un cent sur les Hauts
Du Wiltshire. Et où il dort, aujourd'hui, de son dernier
Et plus profond sommeil en France, c'est aussi un secret.

Neige

Dans cette lugubre blancheur,
Dans l'imposant silence de la neige,
Un enfant soupirait,
Se plaignait amèrement : « Oh,
On a tué un oiseau blanc, là-haut, dans son nid,
Et le duvet léger tombe de sa poitrine. »
Et cela tombait toujours dans cette obscure clarté
Sur l'enfant qui pleurait l'oiseau de la neige.

Nul moins que moi n'en a cure

« Nul moins que moi n'en a cure.
Seul Dieu sait
Si mon destin est de reposer
En terre étrangère » :
Ce sont les paroles que j'ai mises au clairon ce matin.

Mais, moqueur, rageur, supérieur,
Seul le clairon sait
Ce que sonnent les clairons au matin,
Qui n'en ont cure lorsqu'ils entonnent
La sonnerie que j'ai entendue et mise en paroles tôt
*   ce matin.*

EXTINCTION DES FEUX

Me voici aux confins du sommeil,
Insondable et profonde
Forêt où tous nécessairement perdent
Leur chemin, si droit soit-il,
Ou bien tortueux, un jour ou l'autre ;
Ils n'ont pas le choix.

Mainte route, mainte piste,
Qui, depuis la première fissure de l'aube,
Et jusqu'à l'orée des bois,
Ont trompé les voyageurs,
Soudain se brouillent
Et les engloutissent.

Ici s'arrête l'amour,
Prennent fin désespoir et ambition ;
Tout plaisir, tout tracas,
Du plus suave au plus amer,
Finissent ici dans un sommeil plus doux
Que tâches de très haute noblesse.

Il n'est de livre,
De visage au regard le plus cher
Dont je ne me détournerais pas maintenant
Pour m'enfoncer dans l'inconnu
Qu'il me faut pénétrer, et quitter, seul,
Je ne sais comment.

Les hautes cimes culminent ;
Les frondaisons roulent devant moi
Menace sur menace ;
J'entends leur silence et j'obéis
Afin de perdre mon chemin,
De me perdre.

Quand le cuivre du cheval de flèche

Quand le cuivre du cheval de flèche a brillé au
    tournant,
Les amoureux se sont éclipsés sous les arbres.
J'étais assis dans les branches de l'orme abattu
Qui encombraient l'angle de la jachère,
À regarder la charrue rétrécir le jaune d'un carré
De ravenelles. Chaque fois que tournaient les chevaux,
Au lieu de me marcher dessus, le laboureur s'appuyait
Sur ses mancherons pour un mot ou une question,
Sur le temps et aussi sur la guerre.
Il raclait le soc, tournait vers le bois
Et traçait son sillon jusqu'à ce que le cuivre brille
Encore une fois.

            La tempête avait abattu l'orme. J'étais
Dans la cime. Assis près du trou rond d'un pic-vert.
Le laboureur m'a dit : « Quand est-ce qu'y vont
    l'enlever ? »
« Quand la guerre sera finie. » Et nous avons
    commencé à parler,
Une minute toutes les dix, encore une minute
Et encore dix après.
« T'as été en opérations ? » « Non. » « Et ça n'te dis
    rien, p'têt ? »

« Si seulement je pouvais en revenir, ça me dirait.
Un bras je peux encore le laisser. Mais j'aimerais pas
     perdre
Une jambe. Et si j'y laissais ma tête, eh bien, comme ça,
Je n'aurais plus besoin de rien… Y en a beaucoup d'ici,
De partis ? » « Oui. » « Et des pertes ? » « Oui, pas mal.
Y a que deux équipages à la ferme cette année.
Un de mes copains est mort. À son deuxième jour
En France, ils l'ont eu. C'était en mars,
La nuit de la tempête, par-dessus le marché.
Parce que, s'il était resté, on aurait enlevé l'arbre. »
« Et je ne serais pas assis là. Rien n'aurait
Été pareil. Parce que le monde aurait été
Différent. » « Ouais, et bien meilleur, même si
On voyait tout, tout aurait l'air bon. »
Les amoureux sont ressortis du bois,
Et les chevaux sont repartis. Une dernière fois,
J'ai regardé les mottes de terre verser
Sous le soc, derrière l'équipage qui bronchait.

Dégel

Au-dessus de la terre marquée de neige à demi
*   fondue*
Les freux contemplatifs, au nid, ont croassé,
Vu du haut des ormes, léger comme fleur des prés,
Ce qui, en bas, nous échappait : la fin de l'hiver.

Finis, partis encore

Finis, partis encore,
Mai, juin, juillet,
Et août parti aussi,
Parti encore.

Rien à en retenir
Sauf que je les ai vus passer,
Comme au long des quai déserts
Passent les fleuves.

Voici une fois encore,
Sous la pluie d'automne,
Les oranges de Blenheim
Toutes véreuses, à terre

Comme du temps de ma jeunesse,
Du temps où l'absent était ici,
Du temps où la guerre a entrepris
De fumer la terre avec la jeunesse.

Regardez la vieille ferme
Surannée, digne,
Noire et abandonnée,
Où l'herbe n'est plus foulée

Sous les pas de la vie,
De l'amitié, des conflits ;
Ses lits ont vu passer
Jeunesse, amour, vieillesse et douleur :

Je suis un peu comme elle ;
Sauf que je ne suis pas mort,
Que je respire et m'intéresse toujours
À la ferme qui n'est pas noire ;

Je suis un peu comme elle :
Plus la moindre vitre pour refléter le soleil,
Pour les pierres des gamins de l'école.
Ils les ont toutes descendues.

Robert Vernède 1875-1917

S'engage malgré son âge le 4 septembre 1914.
Blessé en 1916, fauché au bois d'Havrincourt
(Somme), le 9 avril 1917.

Aux aguets

Le soleil fait ballon rouge dans la chênaie,
    Toutes les herbes sont grises de rosée,
Un merle a parlé il y a quelques minutes :
    Il ignore que le monde va de travers.

Le tirailleur, à distance, et moi ici, guettons
    Dans la brume derrière les arbres
Le premier qui passe pour le descendre.
    Nos fusils sont prêts, sur nos genoux.

Comment saurait-il que si nous échouons
    Le monde pourrait bien être aux fers des années,
L'Angleterre commencer par « Il était une fois »,
    Le droit avoir tort, le rire être larmes ?

Bizarre, cet oiseau posé là et qui chante
    Alors que, tapis par force, nous préparons,
Nous, créatures tellement au-dessus de lui,
    Le meurtre d'un de nos semblables…

Mais peut-être Dieu fera-t-il en sorte,
    Lui qui fit naître la douceur de la force,
Que nos discordes génèrent une harmonie
    Plus douce que le chant de cet oiseau.

William Butler Yeats 1865-1939

Immense poète et dramaturge de l'identité irlandaise, Prix Nobel 1923. Mystique, engagé dans le combat politique pour la liberté de son pays.

Le texte ci-dessous a été écrit en mémoire du Commandant Robert Gregory, (Royal Flying Corps) tué par accident en Italie en janvier 1918. Robert Gregory était le fils unique de Lady Gregory, figure de proue de la Renaissance Littéraire Irlandaise, autant que Yeats et à ses côtés.

Un aviateur irlandais voit sa fin devant lui

*Je sais que là-haut la mort me prendra
Quelque part dans les nuages ;
Sans haine pour ceux que je combats,
Sans amour pour ceux que je protège ;
Ma patrie est à Kiltartan Cross,*
Les miens sont les pauvres de Kiltartan.
Ils n'ont rien à perdre d'une fin prévisible,
N'en gagneront aucun surcroît de bonheur.*

Ni loi, ni devoir ne m'ont dit de combattre,
Ni hommes en vue, ni foules en liesse :
Un enthousiasme personnel m'a conduit
À ce tumulte dans les nuages.
Tout bien pesé, tout bien réfléchi,
Les années devant moi faisaient trou d'air
Trou d'air aussi les années passées,
Face à la vie, à la mort, qui sont miennes.

* Près de Gort, Comté de Galway. Aujourd'hui Musée Gregory.

APRÈS LA DEMANDE D'UN POÈME SUR LA GUERRE

Par les temps qui courent il me semble plus séant
Qu'un poète garde bouche close : remettre à l'heure
Le politique n'est pas dans nos cordes.
Il a suffisamment donné celui qui sait plaire
À la jeune fille dans l'indolence de sa jeunesse,
Ou au vieillard par un soir d'hiver.